**Alguma vez é só sexo?**

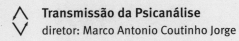

**Transmissão da Psicanálise**
diretor: Marco Antonio Coutinho Jorge

Darian Leader

# Alguma vez é só sexo?

Tradução:
Vera Ribeiro

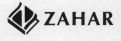

Copyright © 2023 by Darian Leader

Grafia atualizada segundo o Acordo Ortográfico da Língua Portuguesa de 1990, que entrou em vigor no Brasil em 2009.

*Título original*
Is It Ever Just Sex?

*Capa*
Bloco Gráfico

*Imagem de capa*
Sem título, 2021, Germana Monte Mór. Óleo e asfalto sobre linho, 140 × 100 cm. Reprodução de João Liberato.

*Preparação*
Diogo Henriques

*Revisão técnica*
Marco Antonio Coutinho Jorge

*Revisão*
Huendel Viana
Natália Mori

Dados Internacionais de Catalogação na Publicação (CIP)
(Câmara Brasileira do Livro, SP, Brasil)

Leader, Darian
    Alguma vez é só sexo? / Darian Leader ; tradução Vera Ribeiro. — 1ª ed. — Rio de Janeiro : Zahar, 2024.

    Título original : Is It Ever Just Sex?.
    ISBN 978-65-5979-173-6

    1. Psicanálise 2. Sexo (Psicologia) I. Título.

24-196089                                                   CDD-155.3

Índice para catálogo sistemático:
1. Sexo : Psicanálise 155.3

Cibele Maria Dias — Bibliotecária — CRB-8/9427

Todos os direitos desta edição reservados à
EDITORA SCHWARCZ S.A.
Praça Floriano, 19, sala 3001 — Cinelândia
20031-050 — Rio de Janeiro — RJ
Telefone: (21) 3993-7510
www.companhiadasletras.com.br
www.blogdacompanhia.com.br
facebook.com/editorazahar
instagram.com/editorazahar
twitter.com/editorazahar

# Sumário

**Alguma vez é só sexo?**  7

*Agradecimentos*  179
*Notas*  181

Todo mês, um corretor de valores estabelecia para si a mesma meta, muito acima do que o chefe esperava dele, e quase sempre a atingia, apesar da volatilidade do mercado e da recessão econômica. Quando não a atingia, entrava em aplicativos de encontros e combinava uma saída com uma desconhecida para tomar uns drinques e transar. Levava o mesmo papo superficial durante os drinques e seguia a mesma rotina durante o sexo: penetração hidráulica com poucas preliminares, ejaculação e, em seguida, uma partida rápida e insensível. Durante a transa, evitava o contato visual e pensava no lucro que tinha deixado de auferir em sua corretagem. De novo em casa, tomava um Xanax e caía no sono, sem pensar na pessoa com quem acabara de estar.

Aqui poderíamos perguntar: por que o sexo era necessário? Seria ele, como o Xanax, apenas uma forma de automedicação, de acalmar a angústia e a aguda sensação de constrangimento que acompanhava sua incapacidade de controlar os mercados? Seria uma tentativa oculta de comunicar-se com outro ser humano, uma tentativa que sempre se frustrava, ou talvez um ato hostil de que ele não tinha conhecimento? Quando lhe perguntei sobre o número em si, sobre a cifra que ele se achava obrigado a gerar todo mês, ele explicou que esse tinha sido o lucro mais alto obtido por um ás da corretagem de sua empresa anterior. Era o número que ele se sentia compelido a atingir desde então, e nada menor era aceitável.

Assim, os atos sexuais que ocorriam quando ele fracassava dificilmente poderiam ser tomados como expressões de uma pulsão sexual básica, e sim, ao contrário, como tratamentos para sua incapacidade de se igualar, em algum sentido, a um outro homem. É claro que isso poderia ser interpretado sexualmente — havia desejo ou ciúme entre eles? —, mas esse ato heterossexual era claramente uma atuação na qual o sexo preenchia uma outra função menos óbvia. A natureza repetitiva e inalterável dessa sequência sugeria que, para ele, a identidade da mulher não tinha importância e que alguma outra coisa era encenada a cada vez, algo que se parecia com sexo, mas nunca era apenas isso.

Talvez isso pareça uma espécie de estranha inversão da psicanálise.[1] Houve época em que a análise era famosa por ver sexo em tudo: os sintomas físicos e psíquicos eram explicados em termos de desejos sexuais inconscientes e isso significava que, se você encontrasse um analista numa festa, tinha que tomar cuidado com o que dizia. O sexo era o segredo não dito de praticamente tudo, moldando as relações pessoais e os dramas sociais mais amplos da guerra, da política e da cultura. No entanto, como perguntou o crítico norte-americano Kenneth Burke na década de 1930, e se o próprio sexo encobrisse outras motivações ainda mais importantes? Quando se diz, por exemplo, que os homens pensam em sexo a cada sete segundos, será que na verdade eles estão pensando em outra coisa?[2] Ou, aliás, será que pensar em sexo poderia ser uma distração de outros pensamentos menos palatáveis?

Pesquisas posteriores afirmaram que os sete segundos estavam mais para uma vez a cada noventa minutos e, em linhas mais gerais, que as ideias ligadas à comida eram tão significativas quanto essas, ou até mais. É óbvio que isso dependia do ponto em que a pessoa se encontrava na vida — um bebê, um adolescente, um senhor — e de uma multiplicidade de outros fatores, mas nos leva a indagar em que pensamos realmente ao pensar em sexo. Todos sabem que, no tocante à comida, raramente é apenas sobre comida: comemos ou pensamos em comer quando estamos infelizes, inquietos, agitados, angustiados ou solitários. Será que o mesmo se aplica ao sexo?

O uso global da pornografia na internet aumenta na noite de domingo e prossegue ao longo da segunda-feira, dia em que a maioria das pessoas volta ao trabalho e, portanto, pode-se presumir que tenham que enfrentar problemas e pressões dos quais o fim de semana as protegeu. O uso de pornografia no escritório, aliás, chega a 63% dos trabalhadores e 36% das trabalhadoras.[3] O recurso às imagens sexuais, nesse caso, bem poderia ser analgésico, e as pesquisas sobre sexualidade no século XX só fizeram agravar essa questão, sugerindo que os seres humanos não têm realmente um instinto sexual inato que almeje a copulação. Os corpos não são como pauzinhos que produzem fogo quando esfregados, já que são necessárias inúmeras condições, preferências e dicas para que cheguemos a ficar excitados.

As frequentes comparações de nossa vida sexual com a dos animais — "Eles transam feito coelhos!" — não são úteis neste ponto, visto que o comportamento animal nem sempre é tão automático e instintivo quanto poderíamos imaginar. Se as ovelhas podem praticar sexo nos primeiros dias de vida, os chimpanzés machos podem precisar de meses ou até anos de prática para conseguirem funcionar sexualmente, do mesmo modo que os orangotangos machos têm uma curva acentuada de aprendizagem. Um longo período compartilhando uma gaiola pode tornar o sexo menos provável, e as preferências e até estilos sexuais podem impedir algumas espécies de praticar um coito indiscriminado. A velha ideia de que a sexualidade é uma ardente força animalesca dentro de nós, aflita para se libertar porém contida por forças sociais, tem pouco respaldo, e até o que se afigura um comportamento excessivo de acasalamento pode ser uma medida da frustração, e não de um impulso sexual.

Já nos anos 1940 e 1950 biólogos e etologistas afirmavam que, enquanto a maioria dos mamíferos inferiores tem instintos sexuais regidos por hormônios, não é este o nosso caso, e que até a expressão dos hormônios pode ser inibida ou impedida por fatores psicológicos, para adiar a puberdade ou interferir na maturação sexual.[4] O que nos impele a buscar o sexo é muito mais complexo do que um motor endógeno, e resulta mais de processos sociais que de processos biológicos inatos. Quais podem ser esses processos constitui uma das coisas que pretendo explorar neste livro, junto com a questão mais geral do lugar que o sexo pode ter em nossa vida e, em termos cruciais, do que realmente fazemos quando o praticamos.

Os estudos científicos sobre sexo que buscam explicação para esses pontos conectando as pessoas a aparelhos medidores enquanto elas assistem a filmes tristes ou copulam tendem a decepcionar, pois negligenciam a dimensão do *sentido*, que é muito central nas interações humanas. Quando a penetração, por exemplo, é vivenciada como um ato de posse, ou de amor, ou de exploração, isso lhe dá um sentido que é difícil ignorar ou negar. Quando as pessoas dizem "foi só sexo, não significou nada", isso só mostra o quanto o sentido é importante para todo o processo. Mas o sentido é difícil ou até impossível de medir.[5]

É mais fácil, claro, contar orgasmos, e assim os estudos científicos e a pornografia compartilham a mesma abordagem: ambos separam o sexo da significação e da questão das lealdades que diríamos definirem os apegos humanos. Afinal, na pornografia os personagens nunca demonstram nenhuma fidelidade a ninguém: não rejeitam o sexo em função de compromissos anteriores, do mesmo modo que, nos experimentos científicos, os sujeitos não são incluídos quando se recusam a praticá-lo. Todos os projetos recentes de criar uma pornografia emancipada — o que poderíamos chamar de "pornografia paritária" — parecem indiferentes a isso, quando tudo que se faria necessário seriam personagens que dissessem "Agora não" ou "Com você, não".

A cultura de encontros sexuais a toque de caixa, que a internet tanto facilitou nos últimos anos, incentiva os usuários a tornarem sua atividade sexual parecida com a pornografia ou com estudos científicos: simples operações físicas nas superfícies côncavas e convexas de um corpo humano. Mas a dor, o desconsolo, o arrependimento e o sentimento de vazio que acompanham os auges da excitação mostram que há muito mais em jogo. O que as pessoas desejam sexualmente e o que de fato fazem ao se encontrarem com outras pessoas são duas coisas em geral completamente diferentes, e a margem entre elas é ocupada pela fantasia. Como nossas fantasias se formam, e que efeitos têm elas na vida sexual?

E, se a vida sexual da maioria das pessoas começa pela fantasia, o que pode nos preparar para o choque eventual dos corpos? Por que a excitação e a satisfação tão raramente se equivalem? O que significa ser penetrado/a e por que além de apenas penetrar também comprimimos, acariciamos e chupamos ou lambemos outros corpos? Por que pressionamos a pele e os músculos? Por que mordemos, arranhamos e apertamos? Nas pesquisas sobre o comportamento sexual, não se encontrou nenhuma sociedade humana em que a violência esteja ausente das relações sexuais, e o vocabulário delas é compartilhado. A palavra "forçar" é o verbo mais comum para descrever os atos sexuais, e a linguagem da dominação, da posse e da conquista está em toda parte.[6]

Até os grandes manuais sexuais do Oriente, como o *Kama Sutra*, descrevem o sexo como uma forma de combate, detalhando os vários padrões de ataque e defesa, o ângulo e o posicionamento dos punhos nos golpes e a variedade de marcas deixadas no corpo por unhas e dentes. As marcas de unhadas são classificadas em categorias como "meia-lua", "círculo", "lótus" e "garra de tigre", enquanto as marcas de dentes são descritas como "tromba de elefante", "nuvem quebrada", "dentada do javali" ou "linha de joias". Cada parceiro é incentivado a reagir à violência com violência, mas os amantes são instruídos a serem sensíveis às lesões, uma vez que, durante sua excitação, podem perder a consciência da gravidade de seus golpes.

Os primeiros pesquisadores do sexo consideraram difícil racionalizar o lugar da dor aqui. Nos Estados Unidos, quando Alfred Kinsey e seus colaboradores publicaram seus trabalhos pioneiros sobre as sexualidades masculina e feminina, no fim da década de 1940 e início dos anos 1950, muitos entrevistados disseram achar o sexo "repulsivo", "incômodo", "revoltante", "bruto", "doloroso", "cansativo" e "insatisfatório". E, quando William Masters e Virgínia Johnson exploraram a atividade sexual na década de 1960, as milhares de mulheres com quem falaram lhes disseram ter sentido dor durante o sexo na quase totalidade dos casos, mas apenas três tinham sido capazes de pedir a seus parceiros que fossem mais delicados, e nem uma única mulher lhes dissera para parar.[7]

Hoje, embora talvez pareça que tudo mudou, ainda há um verdadeiro estigma em torno da manifestação de incômodo e dor durante o sexo, especialmente entre as mulheres. Não se trata apenas de ferir os sentimentos do parceiro; há o risco real de isso provocar mais violência, uma realidade cotidiana para, provavelmente, a maioria das mulheres do mundo atual. Nos países que dispõem de dados a esse respeito, entre um quarto e metade das mulheres relatam ter sofrido abusos físicos do parceiro atual ou de um anterior. O fato de muitos casos de violência não serem — ou não poderem ser — denunciados sugere que até mesmo essas estatísticas chocantes são na verdade subestimadas.[8]

Na prática analítica, deparo constantemente com adultos que nunca tiveram relações sexuais senão quando bêbados, como se as atividades do corpo, os processos corporais e o sentimento de ameaça fossem perturbadores demais para serem suportados sem anestesia, mesmo quando o parceiro é considerado carinhoso e atencioso. Embora às vezes se diga que o sexo é só uma questão de comunicação, não há dúvida de que ele é a parte de nossa vida em que, na verdade, temos menos tendência a comunicar o que realmente sentimos e pensamos. Então, se temos escolha, por que agimos assim?

As crianças fazem exatamente a mesma pergunta. O sexo é intrigante, absurdo, angustiante e impossível. Será que um corpo entra mesmo dentro de outro? Como é possível isso acontecer? Será que não machuca? Como é que alguém pode achar isso gostoso? E como é que os corpos sobrevivem ao sexo? Essas perguntas talvez pareçam apenas produto da ingenuidade e da falta de informação, mas continuam a nos assombrar pela vida afora, às vezes de maneira consciente e, ao que parece, sempre inconscientemente. Talvez elas até moldem o que de fato fazemos nas relações sexuais, como veremos mais adiante.

A primeira coisa a assinalar aqui é que essas perguntas infantis criam um elo entre o sexo e a violência. Penetrar um corpo significa invadir seus limites, assim como o ato do parto envolve rasgar ou cortar a superfície do corpo. Uma das primeiras perguntas que as crianças fazem sobre a sexualidade é muito simples: de onde eu vim? Como fui feito/a? Independentemente das respostas sanitizadas que elas recebem, algumas equações tendem a ser feitas, usando outras áreas da experiência infantil, para criar o que Freud chamou de "teorias sexuais" infantis.[9] Assim como os excrementos corporais derivam daquilo que comemos e bebemos, um bebê também pode ser equiparado a um produto corporal resultante da ingestão.

Em seu estudo das ideias das crianças sobre a origem dos bebês, Anne Bernstein descobriu que essas teorias eram, na verdade, muito mais complexas.[10] Uma crença inicial em que os bebês sempre existiram vinha a se transformar no problema de como eles foram fabricados: portanto, o primeiro dilema era explicar sua localização, e depois fornecer a receita. Para algumas crianças, o bebê sempre esteve dentro da mãe, ou cresceu dentro dela como uma semente; para outras, ele foi feito fora dela e depois introduzido, já plenamente formado ou como uma miniatura perfeita.[11] Quando culpamos a religião e o patriarcado como as únicas causas de campanhas e legislação antiaborto — como foi tão dramaticamente destacado pela recente inversão do veredicto do caso Roe contra Wade —,* vale a pena considerarmos se essas teorias infantis também não terão desempenhado um papel nas paixões que se inflamaram.

Num dos exemplos de Bernstein, depois que uma mãe explicou as realidades biológicas do sexo e da concepção ao filho, ele se afastou, resmungando: "Mas eu sei que ela na verdade engole o bebê". Os bebês devem ser criados por algum tipo de processo oral que, em última análise, deriva daquilo que introduzimos no corpo, uma vez que engolir é a via mais conhecida para o estômago. Daí a ideia infantil do bebê feito de comida e que sai pelo ânus, embora, como sugere o comentário do menino, também possa haver uma ideia de algum outro tipo de deglutição envolvido, talvez de um bebê em miniatura, ou do órgão sexual ou da semente do pai. O ânus é privilegiado, nessa concepção, pois fornece uma imagem muito mais óbvia de um caminho de saída do corpo do que a vagina, o que é reforçado pelo exame parental criterioso dos atos de excreção

---

* Famoso processo judicial que se encerrou na Suprema Corte dos Estados Unidos com a legalização constitucional do aborto, em 1973; o veredicto foi anulado em junho de 2022. (N. T.)

da criança. Entrada e saída tendem a seguir um molde oral-anal, já que tanto pais quanto filhos se preocupam em saber se o que entrou conseguiu sair.

Freud e pesquisadores da infância posteriores afirmaram que a ideia de uma saída abdominal em vez de anal vinha a substituir ou coexistir com essas teorias anteriores, e era tão frequente quanto elas, ou até mais. De fato, a ideia de um bebê feito de alimento sendo defecado podia até ser vista como uma defesa contra a perturbadora imagem subjacente do parto como mutilação do corpo. Mesmo crianças de doze anos ainda acreditavam que ele envolvia a retirada do bebê por um corte na barriga da mãe, feito com algum tipo de faca numa operação sangrenta e assustadora, que se chocava com as ideias acolhedoras da maternidade e do amor por um bebê querido.[12] O umbigo costuma ser um objeto intrigante e fascinante para as crianças pequenas, identificado com o local dessa saída violenta. Ele pode ser puxado, cutucado e investigado de modo interminável, sendo consideradas insatisfatórias as explicações dos adultos.[13]

Se tantas meninas são educadas desde cedo para imaginar um papel futuro de mães e cuidadoras, essas ideias impalatáveis e assustadoras tornam-se difíceis de aceitar. Como seus pais podem lhes desejar um futuro desses? As imagens sangrentas de rupturas do corpo podem ser prontamente recalcadas, mas a curiosidade subsequente pode conter sua própria violência. Tendemos a achar que a curiosidade infantil é uma qualidade maravilhosa a ser celebrada, mas ela também significa despedaçar coisas, quebrar objetos, cortar bonecas e até desmantelar seres vivos, como insetos, para ver o que há do lado de dentro.

Surpreendentemente, talvez, os meninos também pensam em si como mães potenciais. Mesmo sabendo que os homens não dão à luz com o corpo, eles podem ter medos arcaicos de que um bebê ou um bichinho exploda para fora de seu corpo ou os roa por dentro para sair, como aprendemos ao trabalhar com crianças pequenas. Nos adultos, é conhecido o fenômeno da *couvade*, no qual o homem imita os sintomas de gravidez da mulher, como náuseas, vômitos, inchação abdominal e câimbras nas pernas, e um estudo até constatou que os homens imaginam que seu corpo diminuiu de tamanho depois que suas parceiras deram à luz.[14] A história bíblica do nascimento de Eva a partir de uma costela de Adão faz eco a isso, com sua imagem de uma saída abdominal e uma gestação masculina.

Isso tem sido explicado de maneiras diferentes: pela identificação inicial com a mãe (que costuma ter uma proximidade muito estreita com o filho), o que significa que o corpo do menino é indiferenciado; pelo desejo de ele ser a mãe ou se parecer com ela; ou por uma incompreensão básica das diferenças sexuais. Meninos e meninas também podem acalentar o desejo de dar um filho à mãe, como modo de criarem uma distância dela, de deixarem de ser, eles próprios, um objeto materno exclusivo. Seja qual for o caso, a imagem apavorante de uma saída abdominal violenta é muito difundida até mesmo na imaginação adulta, como vemos na popularidade dos filmes da franquia *Alien*, nos quais a criatura monstruosa rasga um buraco na barriga de seus hospedeiros.

Esse vínculo do sexo com a violência, o perigo e a dor entra numa escalada quando nos damos conta de que, para começo de conversa, o bebê só entrou através de um ato sexual. A própria existência de cada um de nós significa que algo impensável tem que ter acontecido. Por mais esclarecidos que sejam os pais e por mais inteligente e desenvolta que seja a criança, cria-se aí uma conexão entre sexo e reprodução que, em algum nível, nunca pode ser rompida. Como disse a escritora Nora Ephron, ao descrever seu próprio processo de entendimento do sexo: "Nunca me passara pela cabeça que o sexo tivesse algo a ver com desejo ou com corpos, ou que fosse praticado exceto quando se queria ter filhos".[15] Sejam quais forem as informações que depois absorvemos sobre o prazer e o sexo não reprodutivo, talvez seja impossível "desaprender" completamente esse aprendizado primário.

É comum, aliás, os adultos tratarem as perguntas dos filhos sobre sexo como perguntas sobre bebês, já que isso lhes causa menos incômodo, e eles juntam as duas questões, assim como a anatomia. A vagina e o útero raramente são diferenciados, e é comum as características de um órgão serem aplicadas ao outro. Quanto ao clitóris, sua relevância para o prazer e não para a reprodução talvez seja a própria razão de excluí-lo: "É mais fácil falar da vagina porque ela é um órgão reprodutor", explicou uma mãe, "mas falar com minha filha sobre seu clitóris é como se eu lhe dissesse para se masturbar".[16] Antigamente se brincava dizendo que as únicas pessoas que compreendem que sexo e reprodução não são a mesma coisa são os antropólogos e os adolescentes, mas talvez todos nós equiparemos essas ideias, independentemente de nosso conhecimento de biologia, nosso uso de contraceptivos e nossos desejos e anseios.

Todos podemos rir quando uma criança que já tem um irmão ou irmã e acabou de aprender os fatos da vida pergunta aos pais, num tom chocado: "Quer dizer que vocês fizeram sexo duas vezes?". Mas essa ligação pode ser duradoura. Toda vez que temos relações sexuais, a ideia da concepção pode estar presente, conscientemente ou não, e pode até ser separada da realidade do ato sexual. Já ouvi pacientes adolescentes e adultos, em várias ocasiões, explicarem que têm medo de engravidar, mesmo que nunca tenham praticado sexo. Pessoas com diploma universitário e em posições de grande responsabilidade social são capazes de dizer "Eu sei que parece maluquice, mas tenho certeza de que estou grávido/a", tendo pleno conhecimento de que essa é uma impossibilidade biológica.

A interpretação óbvia é que esse medo é apenas um desejo, mas em muitos casos o modo como soubemos do sexo na primeira infância estende-se a ponto de incluir um campo muito mais amplo. Mesmo que nos digam que o bebê sai pela vagina, qualquer abertura corporal pode converter-se numa saída potencial, assim como qualquer substância introduzida no corpo pode tornar-se um iniciador da gravidez. Sermos educados para não pensar na genitália só faz reforçar isso, uma vez que as qualidades dos órgãos genitais passam então a ser atribuídas a outras áreas do corpo. As vacinas são especialmente significativas nesse aspecto, já que muitas vezes a ideia de uma "espetada" é a única imagem de penetração corporal de que as crianças dispõem.

Nos últimos anos, foi comum os terapeutas se assustarem ao constatar que pacientes adultos e instruídos rejeitavam a vacina contra a covid exatamente por essa razão: "Sei que é absurdo, mas tenho a impressão de que a entrada dessa injeção no meu corpo pode me fazer engravidar". Enquanto a imprensa prestava mais atenção aos temores de que a vacina pudesse comprometer ou interromper a gestação, os terapeutas também ouviam uma narrativa inversa: a própria vacina seria fertilizadora.

As decisões e escolhas dos adultos estavam sendo moldadas, nessa ocasião, por crenças e fantasias infantis, cujo poder nunca devemos subestimar. Essas ideias raramente são discutidas, por parecerem muito absurdas, mas serão porventura mais absurdas do que os padrões de pensamento comuns rotulados de TOC, quando alguém acha que, se não tocar numa maçaneta de porta certo número de vezes, um ente querido poderá morrer? É claro que a cultura religiosa reforça esses padrões, com histórias de nascimentos virginais e concepção miraculosa, e estas podem se transformar em estruturas abrangentes da nossa compreensão da própria biologia.

Quando nos voltamos para o ato sexual que resulta em bebês, os riscos são igualmente elevados e as explicações factuais costumam surtir pouco efeito. Depois que a mãe de Ephron completou a educação sexual da filha, dizendo-lhe que "o papai põe o pênis na vagina da mamãe", sabia muito bem que isso "não tinha nada de explicação sobre o sexo" e deixava em aberto todas as consequências e condições em que a mente de uma criança é capaz de pensar. Imaginar-se portadora potencial de um filho implica que a pessoa será um objeto sexual acessível à penetração — uma percepção que só pode tornar ainda mais agudas as ansiedades corporais. Se o ânus é a imagem mais óbvia de um caminho ou uma abertura,[17] isso quer dizer que se estabelecerá um medo vitalício — talvez combinado com um desejo — da penetração anal. O singular fato biológico de o ânus e a parte inferior do intestino serem muito densamente inervados pode ser vivido como um lembrete perturbador disso, e as anedotas, o folclore e a cultura popular brincam continuamente com essas angústias.

Durante o sexo, o manuseio e a apalpação das nádegas femininas tendem a ser considerados um excitante justificável, mas o homem heterossexual, mesmo quando altamente excitado, raras vezes consegue admitir esse mesmo desejo (a menos que pague pelo privilégio da revelação a uma prostituta ou a um psicanalista).[18] No nível cultural, todo o ser do sujeito pode ser equiparado a essa parte do corpo, uma vez que as pessoas se referem a si mesmas e a terceiros como "minha bunda" ou "sua bunda".* Sempre me intrigo, ao visitar os Estados Unidos, com esse conflito de contrações e expansões: em vez de dizerem que uma loja fica na esquina da "rua Orange com a rua Hicks", as pessoas dizem "Orange e Hicks", e, na sequência, podem emendar que "vou mexer minha bunda até lá".

FREUD IMPRESSIONOU-SE COM O QUE chamou de concepção "sádica" do coito e com "os anseios obscuros [da criança] de fazer coisas violentas, apertar, despedaçar, abrir buracos". Em sua discussão sobre o pequeno Hans, de cinco anos, ele descreveu a ideia de sexo do menino como "estraçalhar alguma coisa, fazer um buraco em alguma coisa, entrar à força num espaço fechado". A descrição de Freud faz um estranho eco à ameaça de Baudelaire a Madame Sabatier, em *As flores do mal*: "E abrir em teu flanco assustado/ Uma larga e funda ferida./ E [...]/

---

\* No inglês coloquial, podem-se ouvir frases como *"Where's your ass, man?"*, cuja tradução ao pé da letra seria "Cadê sua bunda/seu rabo, cara?", mas onde *your ass* equivale a *você*: "Cadê você, cara?". (N. T.)

Por entre esses lábios frementes,/ Mais deslumbrantes, mais ridentes,/ Infundir-te, irmã, meu veneno!".*[19]

De que outro modo, na verdade, poderia uma criança conceber o ato de penetração, sem essas imagens de violar e quebrar? Amber Hollibaugh, ativista e escritora LGBTQIAP+, lembra-se de ter achado um conjunto de ilustrações de posições sexuais em xerox quando tinha dez anos e de havê-las estudado com as amigas num campo nos fundos de casa, "numa tentativa desesperada de entender como alguém podia gostar de fazer o que aquelas imagens sugeriam". Comparando as imagens a seus próprios corpos, elas se perguntaram como um pênis poderia efetivamente penetrá-las: "Fiquei enjoada. Passei quinze minutos vomitando. Sexo e penetração eram ideias horripilantes".[20]

No entanto, para além dessa impressão primária e aterrorizante de discrepância — como é que o pênis podia caber? —, Freud achava que as primeiras ideias de sexo violento ocorrem antes que a criança chegue sequer a reconhecer a existência da vagina. Não se trata de um pênis entrando numa vagina, mas de algo que vai rasgando um espaço corporal que permanece obscuro e indefinido, algo que é menos uma abertura facilitadora da penetração do que a criação efetiva de um buraco. Assim, não é de surpreender que as brincadeiras sexuais das crianças envolvam, com muita frequência, a aposição dos órgãos genitais, sem nenhuma tentativa real de penetração. O ato de amor, escreveu Freud, é visto como um ato de violência, e por isso a atividade sexual do futuro torna-se não uma promessa, mas uma ameaça. Para tomar emprestada a descrição

---

* Em tradução de Ivan Junqueira para Charles Baudelaire, *As flores do mal*, ed. bilíngue. Rio de Janeiro: Nova Fronteira, 2015. (N. T.)

da sexualidade masculina feita por Andrea Dworkin, isso é "coisa de homicídio, não de amor".[21]

Muitos discípulos de Freud discordaram dessa explicação, alegando que as crianças tinham perfeita consciência, desde o começo, da diferença anatômica, e que o desaparecimento da vagina era, na realidade, uma reação defensiva posterior.[22] Isso seria muito parecido com a antiga instrução dada a funcionários de hotéis para, na eventualidade de irromperem num banheiro durante o banho de uma mulher, dizerem "Desculpe, senhor". A atribuição equivocada ocorre exatamente por se haver percebido a realidade. Diante da ideia pavorosa de um pênis entrando numa vagina, com a dor e os estragos que isso sem dúvida infligiria, era natural que se negasse a existência dela. Mas o que é que se negava, exatamente? Como poderia uma criança dispor de algum conhecimento exato desse espaço interno, tão difícil de visualizar ou representar, senão por uma analogia? Daí a atração das muitas histórias infantis sobre espaços ocultos encerrados em outros espaços: passagens, corredores e cômodos que têm de ser descobertos; aberturas mágicas numa pedra; o aparecimento repentino de uma porta escondida; cantos e esconderijos secretos que continuam fascinantes para os adultos.

Note-se que esses espaços ocultos são quase invariavelmente ligados à segurança e ao perigo. Representam um refúgio especial para a menina, um lugar em que ela pode buscar proteção e distância da família e dos amigos; porém, num dado momento, outras pessoas tomam conhecimento de sua existência e eles deixam de ser seguros. O que antes era um perímetro destinado a conter torna-se lugar de invasões potenciais, e, com isso, as meninas passam a verbalizar medos constantes de ladrões e invasores. O simbolismo corporal tende a ser muito claro nesses casos, nos quais a ansiedade a respeito da entrada por portas e janelas traduz o medo de que as aberturas corporais sejam invadidas.

Uma analisanda descreveu sua lembrança desses sentimentos ao ver o filme *O quarto do pânico*, com Jodie Foster, no qual uma mãe e sua filha escondem-se dos intrusos num cômodo de concreto especialmente construído e escondido em sua casa: "Ali estava ele, o quarto secreto com que eu sempre havia sonhado, o lugar em que eu poderia me esconder, mas onde aqueles homens maus estavam desesperados para me encontrar e me fazer mal". A recente franquia *Escape Room* torna esse perigo ainda mais agudo, numa situação em que é o próprio espaço em que a pessoa está contida que irá matá-la, a menos que ela consiga sair depressa, e hoje muitas cidades têm espaços reais de escape e quartos de fuga em que grupos de colegas de trabalho pagam para solucionar quebra-cabeças que lhes permitam sair.

Se, com frequência, as primeiras percepções da vagina são esquecidas ou recalcadas, elas podem ser descobertas mais tarde, numa narrativa que combina com as pesquisas sobre crianças e com o que aprendemos com alguns pacientes infantis e adultos. As sensações vaginais experimentadas na adolescência ou na idade adulta podem deflagrar uma extraordinária impressão de déjà-vu, como se de repente se voltasse a ter acesso a uma experiência muito anterior. O notável número de histórias femininas sobre o reencontro de tesouros ocultos ou a recuperação de objetos perdidos costuma ser interpretado com base no falo — ela reencontra o pênis que um dia possuiu e que acreditava ter perdido —, mas vale notar que essa redescoberta é, comumente, a de uma porta ou abertura ocultas e maravilhosas, o que sugere uma reconexão com uma área de sensação vaginal que tinha sido radicalmente emudecida, ou, como disse a psicanalista Selma Fraiberg, "isolada" por um medo da penetração ou de uma excitação interna avassaladora.[23]

Essas primeiras experiências do corpo não pressupõem um conhecimento real da vagina, e isso continua a escapar a muitos adultos, inclusive ginecologistas, como observou William Masters ao iniciar sua pesquisa sobre a sexualidade. Os padrões de expansão e contração vaginais só fazem agravar o mistério, e é difícil atribuir à vagina uma única imagem que dê conta dessas mudanças. Se as produções de um corpo tornam seu interior mais tangível, como podemos dizer que formato tem a vagina, a menos que utilizemos como molde um bebê, ou fezes, ou o pênis?[24] E de que modo esse pedaço invisível do corpo torna-se parte dele?

Podemos concordar com Freud sobre a existência de uma ignorância inicial da vagina, ou com seus discípulos que afirmam haver uma consciência sensorial, mas as duas perspectivas implicam que o corpo se rasgará, e é importante reconhecer que essa violência está em jogo para todos os interessados. De acordo com alguns trabalhos transculturais, não há sociedade documentada em que a violência no sexo consensual seja unilateral: ela é sempre recíproca. Os amantes podem morder-se com selvageria, cuspir um no outro e arrancar tufos de cabelo ou até de sobrancelha um do outro. É comum homens adultos de culturas ocidentais imaginarem estar rasgando o corpo da mulher durante o sexo — o que descrevem como excitante — e também, às vezes, depois se sentirem culpados pelos danos infligidos.

Em seu trabalho inovador, que comparou o comportamento sexual humano ao animal, usando o banco de dados da Universidade Yale sobre os hábitos sexuais de 190 sociedades documentadas, Clellan Ford e Frank Beach concluíram que, se a existência de um instinto sexual visando o sexo penetrante não foi evidenciada, a única certeza surgida foi o elo entre a excitação sexual e a inflicção de dor. Isso pareceu mais básico até do que os esforços de reprodução, e o famoso título do filme de Sharon Stone e Michael Douglas que explorou as ligações entre o sexo e o perigo — *Instinto selvagem* —, ao mesmo tempo que se referia ostensivamente ao sexo, também denotava o homicídio.

Aqui poderíamos pensar em todos os verbos lastimáveis que os homens usam ao final de suas ostentações, "Fodi a mulher até ela...", indicando o colapso ou a destruição do corpo feminino. A façanha sexual e o dano convergem, como se tanto a meta quanto a condição da excitação envolvessem o sofrimento. O pesquisador e terapeuta sexual canadense Claude Crépault relatou o caso de um juiz que, ao ter relações sexuais com a esposa, fantasiava sobre o pavor de uma mulher ante a possibilidade de que ele acendesse a banana de dinamite que havia introduzido em sua vagina: ele só conseguia gozar no momento do mais intenso pânico da mulher.[25]

Essa é uma das razões do sucesso de golpes médicos praticados nos países que dependem de sistemas de seguros de saúde. Depois de um encontro sexual, alguém que se diz médico telefona para o parceiro masculino do casal, diz que a parceira sofreu danos genitais durante o ato sexual e que é necessária uma transferência de fundos para cobrir um tratamento urgente. O pânico e a culpa sentidos pelo homem podem bloquear uma avaliação racional da situação, e o dinheiro é enviado. Aqui, a penetração e a lesão aparecem num contínuo. As mulheres não são alvos desses golpes, mas podem se preocupar não com haverem causado danos palpáveis ao corpo do homem, mas talvez com a ideia de que possam tê-lo contaminado.

O medo de fazer mal a outra pessoa pode ser tão grande que o sexo é completamente evitado, e os esforços relativamente recentes, em muitas sociedades, para tornar os homens mais sensíveis aos desejos das mulheres em situações sexuais reforçam isso. Apavorados com uma sexualidade predatória e ameaçadora neles mesmos, alguns homens preferem ficar longe das relações sexuais. Entretanto, a maioria tende a se isolar dessas ideias e continua a praticar uma sexualidade predominantemente violenta e coercitiva, na qual as tentativas de abrir um corpo à força, tal como descritas por Freud, não raro ocupam o centro do palco.

A indignação e a raiva em relação aos crimes sexuais relatados nos meios de comunicação constituem um dos modos de funcionamento desse isolamento. Os ataques agressivos são projetados fora do próprio sujeito, mas a simpatia pelas vítimas pode mascarar um prazer com seu sofrimento. Quando foi finalmente libertada, depois de ser mantida em cativeiro durante várias semanas pelo Exército Popular do Vietnã, em 1971, a jornalista Kate Webb notou que todos pareciam decepcionados por ela não ter sido estuprada.[26] Os homens, em especial, estão sempre em busca de histórias de agressão a mulheres como forma de manter sua própria violência na distância correta. Mesmo em meio a um debate crucial em julho de 2018 sobre o Brexit, que modificaria o futuro do país, a história mais procurada na imprensa britânica não foi a das negociações políticas, mas a de uma mulher que parecia haver pedido a um homem que a amarrasse e espancasse.

O trabalho da mídia, em parte, foi — e ainda é — uma curadoria da violência contra as mulheres, em geral mascarada de preocupação.[27] No próprio sexo, mesmo quando o homem parece ser amoroso e terno, ele pode só ser capaz de sustentar a ereção ao imaginar que está forçando a parceira. E, nos carros, os motoristas varões tendem a se irritar com qualquer obstáculo a seu movimento para a frente, e fazem piadas sobre marcar pontos por atropelarem pessoas idosas. Como observou o historiador da sexualidade Gershon Legman, a vítima é sempre uma velhinha, nunca um velhinho, assim como em séries televisivas e filmes as vítimas femininas de assassinato superam largamente o número de homens mortos.[28]

FREUD FALOU BEM POUCO SOBRE O estupro — além de uma nota de rodapé infeliz, na qual endossou a visão de que a mulher pode acolher inconscientemente a agressão — e, como assinalaram muitas autoras da segunda onda de feminismo, ocasionalmente interpretou o sexo como um ato em que há um parceiro ativo e um passivo.[29] É notável, nesse aspecto, ver quanto do importante trabalho inicial sobre essa questão foi predominantemente apagado das histórias do movimento feminista. As divisões-padrão entre a primeira e a segunda ondas do feminismo tendem a obscurecer o trabalho de autoras e ativistas dos anos 1940 e início dos 1950.[30] Pode-se dizer que o livro de Ruth Herschberger de 1948, *Adam's Rib*, foi o trabalho mais significativo do século xx sobre as subjetividades femininas e gênero, mas hoje, no momento em que escrevo, não há nem mesmo uma página da Wikipédia a respeito dele.

Esse livro brilhante, deslumbrante, explora a estereotipia de gênero, o modo como a medicina e a biologia ignoram a realidade do corpo feminino, o fato de os parâmetros da sexualidade masculina eliminarem os modelos complexos do desejo feminino, a maneira como as narrativas masculinas reescrevem o processo reprodutor e como as divisões ativa e passiva de gênero caracterizam muito da vida sexual. É quase certo que Simone de Beauvoir o tenha lido durante sua estada em Chicago, um ano antes de submeter *O segundo sexo* para publicação, e os leitores que recordam o lançamento do livro dizem ter ficado simplesmente estarrecidos. A própria Herschberger foi tão afetada pela intensidade da acolhida ao trabalho que optou por nunca mais publicar outra obra de não ficção, concentrando-se, em vez disso, em escrever poesia.[31]

Herschberger começa por questionar o mito masculino de que qualquer aplicação de pressão a uma zona erógena produz uma experiência de prazer, viés que endossa as justificativas da violência sexual e situa a mulher como anuente, em última análise, ao ser tocada por um homem. Aqui, a atividade masculina é entendida em termos de um pavor da intimidade e de uma evitação do fato de que o desejo feminino não é uma força unipolar, mas vai ciclicamente do receptivo ao propulsivo. A ideia de que a maternidade anula o desejo sexual é desconstruída, e Herschberger discute o desejo depois da menopausa, questionando a periodização da duração da vida feminina feita pelos homens. É crucial sua exploração de como as concepções masculinas da sexualidade sempre visam animar um lado do encontro sexual e tirar o ânimo do outro, calcando essa postura na divisão de gêneros entre masculino e feminino, para reforçar a ideia de homens ativos e mulheres passivas.

Herschberger estava atenta ao modo como a linguagem molda nosso pensamento nesse tema e questionou a razão de as pessoas se referirem à "frigidez" feminina e à "impotência" masculina, e não o contrário — como antes havia ocorrido, historicamente —, e a razão de "ereção" ser aplicada ao pênis e "congestão" ao clitóris e ao tecido vaginal, quando o processo de ingurgitação era flagrantemente idêntico. Ela afirmou que havia necessidade de um vocabulário mais complexo para falar de sexo, um vocabulário que evitasse a lógica binária e reconhecesse os "graus diminutos e complexos entre o prazer e o desprazer".

Quanto à questão da violência, Herschberger descreveu como os responsáveis educam as crianças de modos muito diferentes, não apenas pelo que dizem e pelos ideais sociais que transmitem, mas também por meio de sua maneira de tocar o corpo. Ela distinguiu os "contatos por pressão" na pele e nos músculos e o modo como, no caso feminino, eles eram programados para se modificar com o casamento e com os atos sexuais que este envolvia. Nessa ocasião, era o conjunto masculino de contatos por pressão que importava, como se isso já não fosse uma escolha da mulher, na suposição de que tais contatos gerariam automaticamente a excitação. Seu capítulo sobre "O mito do estupro" mostra que essas crenças sobre a excitação reforçavam o paradigma ativo-passivo e a concepção cultural de que a "essência" da masculinidade era o impulso de penetração.[32]

As narrativas evolucionistas que postulam uma violência masculina inata para a obtenção de mulheres à força desde o

Neolítico só fazem reforçar esses tropos e, implicitamente, concebem a violência masculina como algo de certa forma natural. Curiosamente, inúmeras histórias de origem envolvem um ato primário de violência, desde os mitos da criação do universo até as histórias sobre a fundação de sociedades humanas: há sempre um Big Bang ou um ato homicida transgressor. A ideia de uma ânsia masculina antiga e geneticamente programada de penetrar as mulheres também tem, é claro, a implicação de que as mulheres têm uma ânsia antiga e geneticamente programada de ser penetradas. Mais justificativas para um status quo misógino.

Em vez de considerar que as percepções infantis de sexo e parto como atos violentos são produto dessa herança neolítica, os argumentos de Freud sugerem que a própria ideia de uma herança do Neolítico é um produto fantasioso dessas percepções. Imaginamos nossas origens como atos violentos. Isso não significa negar o peso da história e do patriarcado, visto que essas forças culturais claramente moldam nossa maneira de interpretar o presente, o passado e o futuro, e impelem os adultos a educar os filhos masculinos e femininos de acordo com o gênero, tendendo a preparar os meninos para a agressão, as realizações físicas e os atos de posse.

Desenvolvendo esse trabalho inicial sobre a dinâmica do sexo calcada no gênero, Shulamith Firestone afirmou, em *A dialética do sexo*, que a violência vista por Freud na concepção infantil do sexo podia ser uma fantasia, mas uma fantasia que devia enraizar-se na realidade da situação familiar, na qual a mãe sofria violência, intimidação e humilhação por parte do pai — um ponto que o próprio Freud ressalta, aliás, em seu ensaio sobre as teorias sexuais infantis.[33] Muitos outros autores concordaram que o sexo penetrante heterossexual era de fato um ato de violência e que, portanto, de certo modo, as fantasias infantis eram perfeitamente corretas. Isso pressupõe, é claro, uma versão do sexo em que o homem penetra agressivamente a mulher, perpetuando o diferencial distorcido de poder que, durante muito tempo, foi a marca dos patriarcados, e que as camas com colchão d'água pouco fizeram para modificar.

O que autoras como Herschberger e Firestone mostraram com muita clareza foi que o sexo era entendido como algo dado, algo óbvio, ainda que as forças que atuavam sobre ele não o fossem. Esse foi o problema de grande parte da abordagem psicanalítica inicial do sexo, com sua ideia de que somos punidos pelo sexo, e não por meio dele. Não raro, a ênfase nas forças repressivas da sociedade que atuam sobre a sexualidade vital dos seres humanos obscurecia as forças em ação dentro desta. A religião e a cultura popular só fizeram reforçar essa tendência, tal como os jovens nos filmes de terror são inevitavelmente mortos, de maneira selvagem, enquanto namoram ou transam, e tal como muitos aspectos da cultura religiosa condenam o sexo fora dos arcabouços conjugais e de reprodução: o sexo é errado, até que certas condições sejam atendidas.

Essas forças culturais são tão poderosas que, quando os jovens assistem hoje aos filmes de terror e veem um casal prestes a ter relações sexuais, entendem de imediato que esse é o prelúdio da morte deles. Os personagens que evitam o sexo tendem a sobreviver, enquanto os que se dedicam ao prazer corporal são mortos. Tudo isso em nossa época esclarecida, o que mostra que, por mais que a educação sexual e a moralidade superficial possam ter se modificado, o sexo continua a ser considerado, em algum nível, um crime passível de castigo. Aliás, quando as pessoas fofocam sobre sexo sua fala é invariavelmente carregada de termos moralistas, em vez de um vocabulário apenas físico: "Nem acredito que ela/ele/eles fez/fizeram uma coisa dessas! Que...!".

O juízo moral é muito valorizado nessas situações, dividindo-se homens e mulheres, de modo sutil ou nem tão sutil, em bons e maus, e as avaliações funcionam para disfarçar as falhas dos que as realizam. Como diz Joan Nestle, ali onde a curiosidade constrói pontes, o julgamento moral constrói o poder de alguns sobre os outros.[34] Mas o que corremos o risco de perder de vista é que, se o sexo deve ser punido, ele próprio pode envolver formas de punição: quando o jovem casal que se acaricia nos filmes de terror é trespassado pelo dardo de metal de um assassino em série, esquecemos que talvez a transa deles envolvesse, na verdade, a perfuração de um/a pelo pênis do outro.[35] Assim, um tipo de violência obscurece — ou justifica — outro.

Freud não desenvolveu suas observações iniciais sobre a teoria sádica do coito e sobre as angústias e pavores diante do risco de rompimento dos limites corporais. No entanto, antes mesmo que a questão da penetração sexual se torne pensável para uma criança, certamente existe uma preocupação muito premente: "Onde fica o meu limite?". Os buracos e invaginações do corpo são submetidos a uma exploração sem fim no segundo e terceiro anos de vida, juntamente com seus correlatos comestíveis: rosquinhas doces, *pretzels*, roscas salgadas, macarrão em rodelinhas. É sempre significativo o momento em que as crianças começam a desenhar curvas fechadas e formas bem delimitadas, assim como a mostrar interesse em manter distintas e separadas coisas como roupas e artigos de papelaria. Isso talvez corresponda ao esforço de demarcar os limites do corpo: ficamos mais seguros quando é possível manter um limite, como na segurança evocada pelas "rondas" da polícia urbana. As voltas precisam ser fechadas, evitando-se lacunas ou espaços.[36]

Isso se torna ainda mais urgente em função da negatividade atribuída a exsudações como a urina, as fezes, o suor, o cuspe e o sangue, que rompem os limites do corpo.[37] À medida que os pais expressam seu desagrado, seu nojo ou sua preocupação diante desses aspectos corporais, eles de fato os colonizam, deixando os vestígios de suas próprias opiniões no corpo da criança. Quando essas substâncias saem do corpo, podem ser removidas ou escondidas, mas podem ser foco de angústia mesmo quando permanecem do lado de dentro: o que acontece se juntar uma quantidade excessiva de xixi ou cocô? Será que vou explodir? O que posso fazer para impedir que isso aconteça?

Essas substâncias corporais que podem estar dentro e fora do corpo costumam se tornar tabus em algum sentido e, com isso, também uma fonte de ameaça e fascínio. O suor das axilas, por exemplo, é hoje comumente considerado ofensivo e como algo a ser eliminado, mas, no fim do século XIX, podia ser enxugado com os dedos ou com um lenço e apresentado como uma proposta romântica. Do mesmo modo, as crianças podem encantar-se com seus próprios fluidos corporais mas sentir nojo quando os encontram num momento inesperado. O que nossos pais dizem sobre essas excreções do corpo pode continuar a nos ecoar na cabeça pela vida afora, e desde cedo costumam ser construídos em torno delas hábitos e cerimoniais que raramente se modificam. A questão dos limites do corpo torna-se, pois, ainda mais complexa, uma vez que eles incluem o "eu" e o olhar crítico dos pais.

Quando essa questão dos limites é ligada ao sexo, é difícil entender o coito como um ato agradável ou natural. Há coisas demais em jogo e a integridade do corpo corre riscos. E, de fato, no folclore e na mitologia, o pênis é quase universalmente retratado como uma arma, mais do que como um instrumento de prazer, do mesmo modo que a vagina é representada como ameaçadora ou como uma espécie de armadilha.[38] Se é esse o nosso aprendizado inicial sobre o sexo, por que diabos haveríamos de nos sentir tão atraídos por ele, mais tarde, e como pode ele passar a encarnar a mais significativa de todas as atividades humanas? Seria o sexo apenas a única via de violência permissível a muitos de nós, em nossa vida adulta?

Como ouvi na clínica: "Eu transo com meu namorado de um jeito raivoso. Esse é o único lugar onde sinto permissão para expressar raiva, embora ele não note".

Essas fantasias e crenças infantis sobre a sexualidade são forjadas numa situação muito estranha. Os pais tendem a evitar respostas diretas a perguntas referentes ao sexo e, muitas vezes, não nomeiam ou simplesmente dão nomes errados a partes e processos do corpo. A criança pode ser recriminada por alguma atividade corporal sem que lhe digam por que ela é errada, e assim várias ordens são transmitidas de modo opaco e sem sentido. Tocar os órgãos genitais é castigado ou desincentivado sem uma razão clara — em geral, bem antes que a criança sequer saiba falar —, e, com isso, cria-se uma atmosfera de juízos negativos em torno dessa parte do corpo.

Os pais, na verdade, muitas vezes exigem uma censura quase completa dos órgãos genitais, exceto por seu papel de aparelhos excretores. As crianças são ensinadas a evitar pensar em seus órgãos sexuais, e a maioria aprende como e quando pode se referir a eles ou tocá-los com vocabulários especiais e atribuições equivocadas e confusas.[39] O termo "vagina" é usado com frequência para evocar a vulva, e o clitóris tende a ser completamente excluído. Ter corpo significa aprender a desconfiar dele, e, como assinalou o psicólogo Seymour Fisher, a própria imagem do corpo é uma espécie de submissão codificada às regras, valores e tabus parentais.[40]

Ainda muito recentemente, em 2019, quase metade da população do Reino Unido carecia de conhecimentos básicos sobre a anatomia genital feminina, o que mostra que o tabu continua largamente disseminado ali, apesar da educação sexual mais esclarecida. Quase 60% dos homens e 45% das mulheres não souberam dar nome à vagina, tendo um conhecimento ainda menor do que é a uretra e de onde ficam os grandes lábios.[41] Pesquisas mais antigas haviam mostrado que os homens pensam que a entrada da vagina fica uns dez centímetros acima de sua localização real, e muita gente acha extremamente difícil o simples olhar de perto para seus órgãos genitais. A vagina é comumente imaginada pelos meninos como um buraco redondo perfeito, como o ânus, e há uma ignorância disseminada nos dois sexos sobre a posição e o formato do hímen.

Os próprios psicanalistas não estão imunes a isso, e, embora alguns dos primeiros analistas de formação médica chegassem de fato a conduzir um exame genital em seus pacientes, o interesse pelo corpo sexual logo se tornou periférico. Certa vez, Judith Kestenberg perguntou se os analistas sequer tinham conhecimento da existência da glândula prostática, apesar de sua importância para a vida sexual e urinária.[42] Freud tinha que usar o banheiro durante sessões de análise e seria muito difícil, observou Kestenberg, encontrar um paciente cujo pai não sofresse de problemas na próstata, mas a psicanálise se portava como se ela simplesmente não existisse. Quando os pacientes de Freud escreveram livros de memórias sobre suas experiências de análise, souberam evocar interpretações brilhantes feitas por ele, mas não se elas haviam acontecido antes ou depois de ele ter saído para fazer xixi e voltado.

Mais curiosamente ainda, quando a próstata chega a aparecer no discurso popular é totalmente dessexualizada, apesar da função vital que desempenha no suprimento de componentes do sêmen masculino e das secreções e sensações que podem inquietar os meninos na primeira infância. Um paciente descreveu os problemas que vinha tendo em seu relacionamento por causa de sua demanda maciçamente aumentada de sexo, e, quando indaguei sobre isso, ele explicou que precisava ter relações sexuais todos os dias, para afastar o risco de câncer de próstata. Quando fiz uma busca no Google, revelou-se que o risco de câncer se reduz em surpreendentes 31% a 36% quando os homens de mais de cinquenta anos ejaculam pelo menos sete vezes por semana, ao passo que duas a três ejaculações semanais oferecem uma proteção muito menor. Mas, enquanto chegam às manchetes da mídia outros resultados, mostrando que um remédio, um estilo de vida ou uma mudança na dieta podem reduzir o risco de câncer em 10%, as estatísticas referentes à próstata parecem ter sido quase inteiramente apagadas, como se o elo entre a saúde dessa glândula e a sexualidade fosse simplesmente impensável.[43]

Para muitas crianças, o único discurso a respeito dos órgãos genitais diz respeito a eles estarem ou não limpos, e com isso se estabelece entre o sexo e a higiene uma equação que pode perdurar pelo resto da vida. De fato, a maioria das pessoas lava as mãos depois de urinar, e não antes, de modo que, em vez de protegerem de germes os seus órgãos genitais, se protegem e protegem outras pessoas de uma desonra potencial. As palavras da infância sobre os órgãos genitais associam-nos mais comumente ao cocô e ao xixi do que a analogias espaciais (uma caixa de joias, uma salsicha), como se fosse essa a sua função primária; e uma percentagem muito significativa das mulheres — pelo menos 25% —[44] evita os exames do colo do útero e outras consultas ginecológicas por medo de que sua genitália seja percebida como suja.

Homens e mulheres podem afastar-se timidamente da atividade sexual pelas mesmas razões, com medo de que seus órgãos genitais pareçam sujos ou repugnantes, de alguma forma. Não é à toa, aliás, que as piadas referentes ao sexo são chamadas de piadas "sujas", o que perpetua a associação entre imundície e sexo; e, quanto mais esse discurso público fora da família nos diz para não sentirmos culpa pelo sexo, mais a higiene pessoal adquire suprema importância, como se fosse proporcional, talvez, à desvalorização superficial da culpa. Quanto menos culpa nos dizem para sentir, mais continuamos a esfregar e perfumar o corpo!

O peso das opiniões parentais é grande nesse tema, e as crianças logo aprendem que a curiosidade sobre o sexo arrisca a reprovação dos pais. E assim, como assinalou Gershon Legman, talvez o verdadeiro esclarecimento sexual da criança não esteja em aprender como são feitos os bebês, mas em entender que o interesse pelo sexo pode significar rejeição e castigo por parte daqueles que amamos e de quem precisamos.⁴⁵ Essa pode ser uma descoberta devastadora e reforça o emudecimento das sensações genitais e sua atribuição a outras partes do corpo. Às vezes, as ubíquas "dores de barriga" das crianças são, na realidade, estados de excitação sexual que gravitaram para longe de sua fonte e não têm possibilidade de verbalização.

Do mesmo modo, os comentários parentais sobre o sexo tendem a ser sobre o que não fazer, sobre o que deve ser evitado e o que, de algum modo, é errado ou pecaminoso, apesar da época esclarecida e bem informada em que vivemos. Até os pais mais liberais tendem a proibir que meninos e meninas durmam juntos ao passarem a noite nas casas uns dos outros, como se a perspectiva de coabitação dos dois sexos no mesmo espaço fosse simplesmente perigosa demais, embora eles saibam muito bem, talvez por sua própria infância, que as camas divididas entre pessoas do mesmo sexo envolvem, quase inevitavelmente, oportunidades de contato sexual. Os paradoxos da reprovação e da aprovação dos pais nessa área mostram sua dificuldade de lidar com a sexualidade e reconhecer seus efeitos.

A violência praticada nas brincadeiras infantis é outro exemplo disso. Quando as crianças brincam de se matar ninguém faz objeções, mas, quando brincam de sexo, isso é quase sempre repreendido, como se até o homicídio fosse mais aceitável. Quando as revistas infantis em quadrinhos foram comercializadas em massa pela primeira vez, no fim da década de 1930, as imagens da tortura de mulheres vestidas com trajes escassos foram rapidamente censuradas: acrescentou-se mais roupa aos corpos femininos, mas a tortura permaneceu intacta, como se a violência talvez trouxesse em si uma faceta de censura.⁴⁶ Os ferimentos causados ao corpo representavam — e ocupavam — o lugar do sexo.

Num conto de Margaret Atwood intitulado "Murder in the Dark",[47] as crianças brincam de um jogo clássico, dobrando pedacinhos de papel que são misturados num chapéu ou numa tigela. Quem tira o pedaço marcado com um X torna-se o detetive e sai temporariamente da sala, enquanto aquele que tira a bola preta torna-se o assassino. As luzes se apagam e o assassino escolhe sua presa, quer murmurando "Você morreu", quer pondo as mãos na garganta da vítima. Atwood inicia a história dizendo-nos quem está apaixonado por quem, o que transforma o espaço escurecido num cenário sexual, onde "a excitação era quase maior do que conseguíamos suportar", e o assassinato fingido assume claramente o lugar de um ato sexual proibido.

Essas transformações e censuras das imagens sexuais resultam numa estranha segregação. Os órgãos genitais passam a ser separados do resto do corpo, e o embaraço para falar deles significa que agora eles ocupam um espaço clandestino, um lugar especial do qual os pais têm um conhecimento superior e dos quais, em alguns sentidos, conservam a posse psicológica. Com efeito, as crianças de quatro e cinco anos de um estudo classificaram a área acima do joelho e abaixo do umbigo como "não eu".[48] Essa segregação tem eco no tanto que é comum os órgãos genitais receberem nomes próprios, como se tivessem uma identidade separada da identidade da criança, e várias obras populares de literatura, a partir do século XIII, mostram órgãos genitais falantes e lhes atribuem uma identidade e autonomia distintas das do restante do corpo.[49]

A clivagem entre a criança e as partes sexuais de seu corpo tende a ocorrer num clima de negatividade, juízos morais e segredo. O segredo, aqui, não se refere apenas ao esconder, mas ao estar sozinho. É muito comum os pais perguntarem aos filhos o que eles estavam fazendo, quando estes passam algum tempo afastados ou ficam sozinhos, como se a separação em si significasse que pode ter ocorrido alguma coisa ilícita, ou fora do controle parental. Mesmo em fases posteriores da vida, muitos adultos sentem uma ânsia de se masturbar no momento em que ficam sozinhos, como se a solidão criasse uma condição de excitação sexual, e não o inverso. Assim, ao entrar num espaço público, a pessoa pode ter a sensação de que os outros são capazes de dizer que ela esteve fazendo algo errado, mesmo que reconheça a irracionalidade dessa ideia.

Quando os pais não apenas se concentram na relação da criança com o próprio corpo, mas a advertem sobre os perigos potenciais do mundo lá fora, as coisas se complicam ainda mais. Se a primeira coisa que a criança escuta sobre a sexualidade concerne ao medo de uma agressão, isso pode tornar-se parte do desejo, como se a ideia da ocorrência de algo perigoso, ilícito e proibido ficasse ligada à de um predador externo. As primeiras autoras do movimento feminista lamentaram que a preocupação dos pais em garantir a segurança básica das filhas ante um mundo masculino invasivo e ameaçador trouxesse como consequência o risco de fundir a excitação e a ameaça.

EM SEU ESTUDO DA SEXUALIDADE datado de 1973, inovador e ainda não ultrapassado, John Gagnon e William Simon afirmaram que esses aspectos da interação pais e filhos constituem menos uma sanção da sexualidade do que a criação efetiva da sexualidade. Não é que haja uma pulsão sexual original que seja cerceada pelos pais e pela sociedade, e sim que a própria sexualidade é o espaço contraditório e desigual em que sentimos um julgamento negativo, bem como um excesso ou uma falta de significação, a qual é predominantemente criada e condicionada pelo sentimento de juízo moral. Trata-se menos de que alguma atividade corporal tenha um significado sexual do que de não haver nenhum significado senão o criado pelo sentimento do juízo moral.

Tudo o que entra nesse espaço pode então assumir um valor sexual, especialmente se tiver alguma ligação com o corpo. Assim, qualquer coisa secreta, ou que achemos que devemos esconder, ou que pareça inexplicável, torna-se potencialmente sexual, do mesmo modo como tudo o que é proibido ou avaliado negativamente pode gerar desejo sexual. Nesse aspecto, a linguagem parental tende a ser moralista — "sujo", "ruim", "errado" —, e esse valor moral passa a mudar o significado do sexo. Isso implica, no dizer de Gagnon e Simon, que aprender sobre a sexualidade é, essencialmente, aprender sobre a culpa, e que lidar com a sexualidade é lidar com a culpa.[50] Não admira, portanto, que tantas pessoas sintam-se mal a respeito do sexo ou desenvolvam sintomas bloqueadores da realização de atos sexuais.

A própria intensidade dos sentimentos e atos sexuais, sugerem os autores, pode ser resultado dessa atmosfera de culpa e ansiedade.[51] Atribuímos erroneamente a fonte dessa intensidade a nossos estados fisiológicos corporais, quando na verdade ela é moldada por temores e preocupações que, em sua maioria, escapam a nossa consciência como adultos. Vários estudos, da década de 1930 em diante, mostraram que os bebês e as crianças exibem sinais físicos de excitação — ereção, ingurgitamento genital, lubrificação — em momentos de medo, raiva, angústia e outras ocasiões carregadas, mas tudo isso é esquecido por volta dos doze anos. Entre os desencadeadores da ereção incluem-se: receber um boletim escolar, atrasar-se para as aulas, assistir a um filme de guerra, ser perseguido pela polícia, achar dinheiro, ser castigado, ver o próprio nome impresso, sentir raiva de outro menino, ver soldados marchando e cair do telhado da garagem.

Os primeiros estudos feitos em Yale haviam mostrado que os bebês do sexo masculino tinham ereção quando frustrados e inquietos, e Kinsey chegou até a pensar que todas as situações emocionais produziam ereção nos meninos antes da adolescência, quando as codificações das pistas sociossexuais corretas estão mais solidamente internalizadas.[52] Sabe-se, com efeito, que é comum os meninos terem que esconder a ereção ao saltarem do ônibus de manhã a caminho da escola, e que as ereções podem ser produzidas por acidentes, quase acidentes e medo de castigo. De forma semelhante, enquanto alguns pesquisadores buscaram a fonte da lubrificação vaginal nas secreções glandulares, outros afirmaram que a fisiologia era comparável à da transpiração em situações de ansiedade e medo agudos.[53] Em um caso, uma mulher presa nas ferragens de um carro acidentado no trânsito experimentou o seu primeiro orgasmo, e isso se tornaria o material de suas fantasias masturbatórias.[54]

Nesse ponto, é importante diferenciar a excitação daquilo que se percebe que uma pessoa "quer" no nível consciente. Quando uma mulher fica com a vagina lubrificada numa situação de ameaça e pânico, isso não significa que o que ela quer sejam ameaça e pânico — suposição equivocada que tem sido tragicamente usada para invalidar acusações de agressão sexual e estupro. A agência, nesses casos, não é simples efeito da mudança fisiológica e não pode ser diretamente inferida dela. Depois de ser traída pelo namorado e sofrer estupro coletivo aos doze anos, Roxane Gay descreveu que, durante anos, "a menos que pensasse nele, eu não sentia absolutamente nada nas relações sexuais", e que, "quando pensava nele, o prazer era tão intenso que chegava a tirar o fôlego".[55] Isso não significa que ela quisesse pensar no namorado, ou que quisesse só conseguir sentir prazer ao pensar nele.

Uma sobrevivente de Auschwitz me disse que o que mais a havia chocado, ao chegar ao campo de concentração, não tinham sido as condições de vida pavorosas e a ameaça iminente de morte, mas o modo como as mulheres se masturbavam abertamente nos intervalos de seu trabalho forçado. Nada era escondido, nada tinha que ser explicado, simplesmente acontecia, bem ali, diante de seus olhos incrédulos, como se a atividade sexual estivesse presente não como uma expressão de prazer ou comunicação, mas como uma reação básica ao terror.

Com efeito, pessoas enlutadas podem horrorizar-se ao experimentar um intenso desejo sexual diretamente após uma perda, e a ligação da excitação a situações desnorteadoras e apavorantes pode parecer bizarra. Quando o sacerdote Laud Humphreys estava fazendo a pesquisa de campo de seu estudo sobre sexo em banheiros públicos, viu-se aprisionado com um pequeno grupo de outros homens enquanto uma gangue de homofóbicos violentos cercou o local. Eles tiveram que se amontoar contra a porta para impedir a invasão e houve garrafas e pedras atiradas por todas as janelas. No entanto, durante esse período de aguda ameaça e perigo, enquanto eles faziam todo o possível para manter sua barricada, Humphreys ficou perplexo ao ver que atos de felação continuavam a acontecer. Mais tarde, ao escrever sobre a experiência, considerou que isso era "incompreensível", a menos que a excitação sexual fosse entendida como sendo, em certo sentido, um efeito da situação de perigo — ou um tratamento para ela.[56]

Estudos sobre a excitação sexual que de início presumiam que ela seria condicionada por emoções e situações positivas vieram, depois, a modificar sua ênfase: na década de 1970, foi amplamente reconhecido que o medo, a ansiedade, a raiva e a tristeza podiam gerar sensações sexuais, mesmo ante a visão de uma pessoa mutilada e morta. Ovídio observou, séculos atrás, que os sangrentos jogos dos gladiadores eram o cenário perfeito para o início de ligações sexuais, e soldados nas trincheiras da Primeira Guerra Mundial relataram estados intensos de excitação sexual ao se prepararem para os ataques. A excitação, ao que parece, precisava de uma dose de risco e até de terror. A antiga convicção de que a ansiedade e a ameaça bloqueavam a excitação e o desempenho sexuais foi efetivamente desmentida.[57]

Os psicanalistas ficaram embaraçados ao constatar que até uma ameaça direta à virilidade podia ajudar a manter a ereção, em vez de inibi-la. Num estudo incomum, homens ameaçados com facas foram capazes de manter relações sexuais, quando seria de se supor que a ameaça de castração os bloqueasse. É claro que as coisas acabaram sendo um pouco mais complexas, visto que a ansiedade piorou os que já tinham dificuldade para manter a ereção, enquanto só aqueles sem problemas manifestos de "desempenho" constataram uma melhora na sexualidade.[58] Tão significativas quanto essas mensurações da excitação foram as perturbações concomitantes da memória: as crianças tendiam a haver apagado as lembranças de excitação física por volta da adolescência, e os pais, solicitados a relatar os sinais de excitação sexual dos filhos, esqueciam o que haviam documentado após um período de apenas duas semanas.[59]

Essas relações entre medo, excitação e hostilidade foram estudadas durante muitos anos, em muitos contextos diferentes. Afirmou-se que a hostilidade pode energizar o desejo sexual e que o desejo sexual pode energizar a hostilidade. Ou que tanto a agressão quanto a sexualidade são meros derivados de uma força básica e inespecífica dentro de nós. Ou que apenas interpretamos mal os sentimentos de raiva, hostilidade ou ansiedade que experimentamos como excitação sexual, dado que a fisiologia básica é mais ou menos a mesma. Como quer que interpretemos os resultados desses estudos e experimentos, fica claro que a excitação e o medo se entrelaçam muito estreitamente, embora nem sempre sejamos capazes de estabelecer distinções significativas entre eles.

Uma garota de programa descreveu seus encontros habituais com um juiz da Suprema Corte nos quais ele a instruía a se despir e a encenar os supostos crimes do caso que estivesse julgando no momento. Claramente, isso era um complemento necessário e útil para o juiz, e as interações nunca envolviam o coito, embora ele se masturbasse após a encenação. Poderíamos supor que esses encontros eram o que permitia ao juiz aliviar sua ansiedade diante dos casos e, quem sabe?, elaborar sua posição artificial de autoridade. A garota de programa expressou a preocupação de que suas habilidades de encenação viessem a afetar o efetivo julgamento dos casos pelo juiz, e de que, em função disso, ela se tornasse responsável, de certo modo, por erros na decisão das sentenças. O sexo, nessa situação, era um resultado e um tratamento da ansiedade, bem como, talvez, do sentimento inconsciente de culpa.

O aumento no consumo de pornografia durante a pandemia pode ser ligado, em certo nível, ao comprometimento do acesso aos espaços sociais, ao teletrabalho e, como disseram alguns, ao tédio, mas com certeza também reflete a presença da ansiedade. Nessas circunstâncias, a pornografia não significou apenas as categorias antes disponíveis, mas também a rápida apropriação de todo um novo repertório de atrações. Já em março de 2020, mais de 1,8 milhão de buscas de material pornô tendo o coronavírus por tema foram feitas na plataforma Pornhub, exibindo sexo com máscaras, luvas cirúrgicas e até trajes de proteção contra materiais perigosos. Os sinais de infecção e prevenção foram quase instantaneamente apropriados para servir de indicadores de excitação e permissão de intimidade, em vez de distanciamento. A ameaça foi convertida numa fonte de excitação.[60]

Essa proximidade costumava ser bem pouco disfarçada no cinema pornô dos anos 1970. Em *A história de Joanna*, o protagonista compartilha suas reflexões sobre a morte, a mortalidade e a falta de sentido antes que o sexo tenha início, e o campeão de bilheteria *O diabo na carne de Miss Jones* — que faturou quase tanto quanto o filme de James Bond daquele ano — é, na verdade, uma adaptação pornográfica da peça *Entre quatro paredes*, de Jean-Paul Sartre, famosa por seu lema "o inferno são os outros". O filme começa com a personagem principal cortando os pulsos e morrendo, antes de voltar à Terra como a encarnação da luxúria. A excitação sexual, nesse caso, é retratada como um tratamento ou uma exploração da finitude e do desespero humanos, e os temas existenciais são altamente valorizados.

Assim como podemos não ter consciência de nossas questões existenciais, muitas vezes a própria excitação nos é opaca. Os adultos podem experimentar ingurgitamento genital sem nenhum sentimento consciente de excitação, e a maioria dos estudos referentes a esse ponto mostra uma correlação bastante baixa entre a excitação percebida e a excitação física.[61] Quanto mais os estímulos sexuais são culturalmente considerados tabus — estupro, práticas rotuladas de "desviantes" —, maior o abismo entre quanto o corpo se excita realmente e quanto a pessoa se considera excitada. Quando pensam haver ingerido bebidas alcoólicas (na verdade, um placebo dado pelos pesquisadores), os homens admitem gostar de imagens de mulheres sofrendo, mas de outro modo negam esse gosto, e sua maneira de quantificar a própria excitação pode ser habilmente manipulada através do fornecimento de um feedback falso: quando eles acham (erroneamente) que seus batimentos cardíacos estão se acelerando, dizem-se mais excitados diante das imagens eróticas.[62]

De modo similar, a lubrificação pode ocorrer sem o conhecimento da mulher, assim como o pênis pode ter vários tipos de ereção em suas porções distal e proximal, sem nenhum sentimento concomitante de excitação. A ereção, a ejaculação e o orgasmo nem sempre ocorrem juntos, como descobrem os adolescentes, muitas vezes para sua surpresa: a ejaculação pode ocorrer sem ereção, assim como o orgasmo não depende necessariamente da ejaculação nem da ereção, como Kinsey já havia enfatizado. É sabido que soldados sob fogo são passíveis de ejacular sem nenhum tipo de ereção, e Magnus Hirschfeld relatou o caso de um homem no front que ejaculava ao simples recebimento de uma carta de casa. Até a detumescência peniana é bastante variável nos rapazes, e algumas garotas de programa — quando têm a opção — evitam aqueles abaixo dos vinte anos, não por haver qualquer sombra de incesto, mas simplesmente porque pode faltar a acalmia posterior à ejaculação e, em consequência disso, as demandas sexuais serem excessivas.[63]

A reação fisiológica não tem aí nenhuma ligação automática com a satisfação. Num estudo bizarro, mulheres que executavam uma tarefa aritmética mostraram mais sinais de estimulação dos grandes lábios do que as que ouviam uma cena sexual de *O amante de Lady Chatterley*, e o aumento dos batimentos cardíacos, da respiração ou da lubrificação tende a não se correlacionar com nenhum aumento do prazer. Esses sinais de excitação corporal, na verdade, podem ser acompanhados por uma sensação de constrangimento ou infelicidade e, como vimos, não se distinguem de maneira óbvia da experiência de angústia. Tais processos podem ser transitórios ou continuados e mostram que a sexualidade, nesse caso, não só está fora de nosso controle voluntário como também, muitas vezes, fora de nosso conhecimento consciente.

Com efeito, talvez sejam poucas as pessoas cientes de um sentimento de hostilidade durante ou logo antes da excitação sexual, porém um grande volume de pesquisas sobre a excitação constatou que a hostilidade tem um papel central. Vemos isso não apenas nos atos de violência física que fazem parte do sexo — pressionar, beliscar, apertar, morder — mas também nos sentimentos, com frequência muito conscientes, de aversão ou desprezo experimentados depois do sexo em relação ao/à parceiro/a. Às vezes, esses sentimentos parecem surgir do nada, mas é bem possível que façam parte dos antecedentes da própria excitação, do mesmo modo que as brigas de casal costumam ser um prelúdio do sexo. Da mesma forma, quando uma banca de entrevistadores parece inexplicavelmente hostil, é possível que as farpas escondam um desejo sexual pelo/a candidato/a à vaga.

A presença de tais desejos numa família costuma ser impensável, mas é, sem dúvida, parte da razão pela qual o pai às vezes se afasta das filhas quando elas chegam à puberdade. Uma relação próxima e carinhosa pode desfazer-se no distanciamento e na animosidade, à medida que o pai apaga dentro de si as sensações sexuais e, de repente, perde o interesse pelos estudos da filha e pode retirar seu incentivo e seu apoio material.[64] Perplexa com essa conduta, a filha, por sua vez, pode encenar com amigos e namorados dramas em que alguém é censurado, castigado por sua aparente indiferença.

VEMOS ESSA RELAÇÃO COMPLEXA entre culpa, ansiedade e desejo no nível cultural. Quando uma sociedade ou um espaço social, como uma igreja ou um internato estudantil, privilegia um tabu específico, o ato marginalizado pode vir a representar o desejo de alguém, ainda que essa pessoa não tenha nele nenhum interesse intrínseco. O desejo é moldado pelo tabu cultural, mais do que este é imposto ao desejo. Na Inglaterra, é frequente ouvirmos dizer que todos os meninos das escolas públicas são homossexuais enrustidos, mas o que isso realmente significa é que, quanto mais um sistema escolar faz da atração pelo mesmo sexo um tabu flagrante, mais as imagens do desejo homossexual aparecem em sonhos ou fantasias para representar o desejo.

Isso não quer dizer que os desejos pelo mesmo sexo sejam um simples produto de tabus, mas que tudo o que é fortemente proibido pode adquirir um valor erótico simbólico — inclusive, é claro, o desejo heterossexual, como sugere a teoria freudiana do complexo de Édipo. Inicialmente, a sexualidade não tem nenhum conteúdo determinado, mas é criada numa atmosfera de juízos negativos, sigilo e proibição que vem de fora, e que pode ser aplicada a qualquer forma de atração. Tudo o que adquire essas qualidades pode então tornar-se equivalente ao desejo, e este pode se modificar historicamente, de tal modo que o que foi crime sexual numa dada época torna-se uma variante sexual em outra.

A despeito de todas as mudanças sociais do último século, entretanto, o modo como o desejo é culturalmente representado é sempre bem próximo do crime, e, embora a própria homossexualidade tenha sido criminalizada, muitas vezes ela funcionou como a única imagem disponível do desejo sexual. Nos meios de comunicação de hoje, o tesão tende a se tornar visível quando se ultrapassa um limite: um caso amoroso, uma traição, um ato de exploração, uma agressão. Quando há normas heterossexistas instaladas, o desejo costuma ser temperado por uma associação com o amor, o casamento e os filhos. Os jornais e as redes sociais noticiam a formação de casais de celebridades, mas o poder do desejo sexual na criação dessas uniões recebe menos ênfase, até emergir como a força que mais adiante desfaz o casal. O desejo habita esse espaço de negatividade e transgressão.

Os alimentos e o ato de comer podem entrar facilmente nesse conjunto. Quando uma família se concentra particularmente na alimentação, com múltiplas regras sobre o que pode ser ingerido e quando, abre-se uma margem para representar o que foge do sistema. Comer contrariando as regras pode então se tornar uma parte vital da vida da criança, mesmo que a comida em si não tenha nenhuma atração especial. Da mesma forma, quando uma criança cresce num clima em que qualquer desejo é considerado excessivo, e no qual se espera que ela seja puramente um receptor passivo das ordens dos pais, que espaço pode haver para que a criança queira realmente alguma coisa? Qualquer desejo é automaticamente condenado como desejar *demais*.

Isso significa que, no instante em que algo passa a ser desejado, parece excessivo aos olhos da criança, dadas a repreensão e a culpa que o acompanham. Qualquer pedido transforma-se numa pergunta interna: "Será que estou pedindo demais?". Assim, talvez o desejo só consiga emergir em momentos fugazes de "excessos", até mesmo sob a forma daquilo que menos se desejaria: o que a pessoa acha mais repulsivo ou enojante. Já que querer não é permitido, o desejo fica reduzido a algo que parece muito diferente, algo além do "querer", muitas vezes usando os tabus como um trampolim, dado que o que é proibido adquire a qualidade do "demais".

E isso então cria ciclos de culpa e vergonha, já que o próprio fato de querer e as ações que encarnam um além do querer (como exagerar na comida ou deixar detritos acumulados ao redor) são vivenciados como inaceitáveis e errados. Encontramos uma dinâmica semelhante em alguns casos do chamado "vício em sexo". Como assinala o terapeuta Jack Morin, os "viciados" em sexo são, muitas vezes, menos ligados no sexo do que na luta com ele.[65] Os desejos baseados em tabus e proibições sofrem uma escalada paralela à necessidade de resistir a eles, gerando ciclos em que a batalha com o desejo parece mais poderosa do que a atração propriamente dita do objeto de desejo. Às vezes, é como se o objeto sexual fosse menos um outro corpo humano do que a própria culpa.

A pornografia também conta com a presença de tabus para criar excitação, e em múltiplos níveis: o tabu contra o próprio meio de comunicação e os tabus contra os atos nele representados. Relações de parentesco são violadas (pornografia incestuosa), limites profissionais são rompidos (sexo durante consultas médicas ou contatos comerciais), divisões de classe são desconsideradas (subalternos e empregados domésticos como objetos sexuais). Em meados da década de 1990, metade de todos os materiais baixados na internet retratava bestialidade, incesto ou pedofilia, com menos de 5% exibindo sexo vaginal. Em 2016, "mamãe", "madrasta" e "filha do padrasto/ da madrasta" figuraram entre as dez rubricas mais procuradas na plataforma Pornhub e, durante a pandemia, a nova categoria "pornô covid" baseou-se na quebra dos protocolos de saúde.[66] Hoje em dia, com o enorme aumento no consumo de pornografia online, o pornô incestuoso e o de agressão são praticamente inevitáveis, e é comum crianças e jovens ficarem traumatizados com a exposição a eles.

O único aspecto tradicionalmente não tabu da vida sexual parece totalmente ausente: marido e mulher tendo relações sexuais. O pornô caseiro, em que os casais é que divulgam seus vídeos na internet, não contraria essa afirmação: continua a ser uma quebra de tabus, pelo próprio fato da divulgação pública.

Tabus superficiais sobre a degradação também são quebrados, já que a pornografia amadora contém mais desigualdade de gênero à custa das mulheres do que a pornografia industrial.[67] Tal como formulada por Gagnon e Simon, a regra da pornografia é: se a atividade é convencional, o contexto não é; se o contexto é convencional, a atividade não é.[68]

Mas será que é só isso o desejo humano? Se a proibição pode às vezes forjar a atração, certamente há outros tipos de desejo, ou outras inflexões dele, que norteiam nossa vida. Quando lemos sobre o ginecologista que vê órgãos genitais o dia inteiro mas só consegue se excitar ao espiar banheiros públicos, será simplesmente a proibição que explica a excitação? O pensamento psicanalítico tem se dividido muito a esse respeito. A visão tradicional era que o inconsciente é composto de desejos muito concretos — possuir a mãe, substituir o pai, ser tudo para a mãe, conquistar o amor paterno etc. —, a maioria dos quais é proibida pelo tabu do incesto, e por isso passa a encarnar o desejo.

O trabalho posterior, no entanto, modificou totalmente essa visão. O conteúdo do inconsciente não seriam os desejos, mas a negligência e a privação: o modo pelo qual nossos pais e cuidadores falharam conosco, não estiveram presentes quando precisávamos deles e deixaram em nossa psique um buraco que tentamos preencher com os desejos concretos em que a primeira geração de analistas tinha se concentrado. Assim, o próprio desejo seria uma defesa, uma saída que nos deu uma direção e manteve à distância o abismo da ausência e do fracasso parentais. E então se considerou que isso explicava por que a saída de uma depressão é, com muita frequência, o surgimento de um desejo, seja ele romântico ou profissional, e também por que, talvez, o que parece ser a satisfação do desejo no sexo nos deixa posteriormente com uma sensação de vazio e falta de realização: a satisfação seria apenas uma medida provisória para encobrir uma ausência mais profunda, mais fundamental.

Uma analisanda descreveu que, numa viagem com a família, visitou uma loja de brinquedos. Foi uma experiência inusitada e, a princípio, ela se encantou por estar lá. No entanto, ao circular pela loja, sentiu uma necessidade cada vez mais intensa de "querer desejar alguma coisa". Na véspera, ela se impressionara ao ver como o grupo de pessoas com que ela e a família estavam havia parecido ter coisas para fazer, metas e objetivos: querer coisas. Agora, porém, ela estava exatamente no tipo de espaço em que se tinha direito a um desejo, mas não havia desejo algum. "O que eu mais queria, mais do que qualquer coisa que estivesse lá, era querer alguma coisa." O desejo, aqui, não era uma ânsia primária fundacional, parecendo antes uma direção que ela buscava.

Para complicar um pouco mais, existe o fato de que o desejo e a excitação sexual não são exatamente a mesma coisa. Tendemos a pensar no desejo como um vetor, uma força linear singular que é empurrada ou puxada em determinada direção. Mas a excitação, como afirmou Robert Stoller, é bidirecional, "uma rápida oscilação dialética entre duas possibilidades (e seus afetos). Uma, dizemos a nós mesmos, tem um resultado positivo; a outra, um resultado negativo: prazer/dor, alívio/trauma, sucesso/fracasso, perigo/segurança. Entre as duas fica o risco". Há um movimento entre a expectativa de perigo e a evitação do perigo. Essa descrição mais complexa certamente faz eco às realidades da experiência sexual e às contradições que nela encontramos, conforme Roxane Gay mostrou com muita clareza em sua descrição de como o trauma e a excitação se fundiram. As visões lineares do desejo simplificam isso e parecem descartar as tensões e paradoxos que caracterizam a excitação, e uma questão muito real é saber como os seres humanos lidam com o atrito entre desejo e excitação quando se envolvem num encontro sexual real.[69]

Então, o que acontece quando encontramos parceiros de carne e osso na vida real? Que possibilidade têm as preferências e orientações desenvolvidas na primeira infância e na meninice de nos preparar para a estranha experiência do sexo, especialmente dadas as terríveis angústias ligadas aos limites do corpo que discutimos anteriormente? Se é verdade que nossa vida sexual tende a começar por fantasias — sobre sexo, nascimento, reprodução —, devemos apenas tentar adaptar a nossos cenários particulares as realidades com que nos deparamos? Isso parece inegável, visto que repetimos vez após outra as mesmas situações em nossas práticas sexuais, mas, como assinalaram Gagnon e Simon muitos anos atrás, a ideia do molde fixo de uma fantasia não leva em conta a forma como as sexualidades podem mudar e, até certo ponto, ser moldadas por forças sociais.

Em vez do conceito tradicional de fantasia, eles introduziram o que chamaram de "roteiros sexuais".[70] O roteiro é como um código que dirige o que pensamos e sentimos, bem como nosso modo de agir, e se compõe de três dimensões fundamentais: cultural, interpessoal e intrapsíquica. Se passamos anos fantasiando com determinada pessoa e, um dia, ao fazermos uma viagem, voltamos a nosso quarto de hotel e ali a encontramos nua, à nossa espera, é mais provável chamarmos a polícia do que nos excitarmos sexualmente. Isso se deve ao fato de o roteiro certo não estar sendo seguido: para alguém ser percebido como sexualmente disponível, é preciso haver muita codificação, muitas deixas situacionais e psicológicas, que vamos aprendendo ao crescer. Nunca se trata de uma resposta animalesca bruta de um corpo a outro corpo, mesmo que seja assim que gostemos de pensar que o sexo é.

Mesmo quando fazem brincadeiras sexuais entre si, crianças muito pequenas começam por papéis sociais — "Você é o médico, eu sou a paciente" —, como se a exploração sexual exigisse um roteiro mínimo, um posicionamento básico dos lugares, para que alguma coisa aconteça. Esses lugares, como é quase inevitável, são altamente marcados pelo gênero — muitas vezes usando o molde ativo-passivo —, mas vale a pena notar com que frequência as crianças gostam de trocar de papéis: "Agora eu vou ser o médico e você vai ser a paciente". Nossa maneira de habitar esses papéis pode se tornar mais fixa à medida que crescermos, porém o roteiro está sempre presente, com os diferentes códigos gravados nele. Esses roteiros, como observaram Gagnon e Simon, são basicamente estratégias para lidar com a culpa.

Os códigos culturais nos dizem, de modo geral, o que podemos fazer, com quem e onde, e estabelecem sequências nas relações sexuais: algumas pessoas podem ser excluídas como parceiros, enquanto outras são aceitas, assim como beijar pode ser o primeiro passo no encontro sexual em algumas culturas, mas ser visto como algo bizarro em outras. Quando Ford e Beach conduziram sua pesquisa sobre os hábitos sexuais de

190 sociedades, constataram que o que era considerado natural nos Estados Unidos podia parecer profundamente absurdo e repulsivo em outras partes do mundo. Algumas culturas excluíam do sexo o lamber e sugar os mamilos, enquanto outras davam grande valor a isso. Algumas incentivavam a violência recíproca, outras a condenavam. Algumas privilegiavam cheirar todo o rosto do parceiro, enquanto outras excluíam qualquer ideia de aspiração nasal.[71]

Até o que era entendido como zonas erógenas podia ser culturalmente moldado. Algumas partes do corpo, com terminações nervosas abundantes, costumavam ser tidas como formadoras de áreas "naturais" de sensualidade, mas na verdade não havia correspondência imediata entre a distribuição dos nervos e o valor erótico. Em meados da década de 1970, por exemplo, a cultura sexual popular era cheia de referências à excitação dos mamilos masculinos, largamente retratada e descrita em meios de comunicação visuais e impressos. As pessoas sexualmente ativas naquela época lembram-se de que isso se tornou parte do sexo, porém, menos de uma década depois, saiu da programação. Os atos sexuais envolvendo homens ficaram menos fadados a incluir carícias e sucção dos mamilos, ainda que alguns possam ter conservado essa prática, é claro.[72]

Hoje, vemos o mesmo fenômeno nos atos de asfixia. Embora o estrangulamento tenha feito parte do repertório sexual de algumas pessoas por centenas de anos, hoje ele é disseminado, sobretudo entre os jovens. Comumente explicado apenas em termos da violência contra as mulheres, ele é uma atividade mais complexa, pois há um número mais elevado de fatalidades autoinfligidas do que de homicídios acidentais. Homens e mulheres morrem todo ano por autoestrangulamento durante a masturbação (asfixia erótica) — 90% homens —, e isso tem sido documentado nos últimos cinquenta anos. Agora, porém, a asfixia tornou-se uma parte muito mais comum do comportamento sexual, mais uma vez mostrando que uma prática erótica pode ser moldada e facilitada pelas forças sociais.

Até os barulhos que fazemos durante o sexo podem ser culturalmente condicionados. Talvez pareça óbvio que os sons que emitimos no calor da excitação são involuntários, mas a escolha das palavras e ruídos que produzimos varia historicamente e também pode depender da formação religiosa e da classe social. Algumas pessoas invocam divindades, exclamando "Nossa Senhora!" ou "Ah, meu Deus!", enquanto outros se mantêm afastados dessas expressões. Da mesma forma, no século XVII era comum as pessoas baterem palmas durante a relação sexual nos momentos de intenso prazer, ao passo que hoje, provavelmente, isso seria visto como um brochante muito esquisito.[73]

A classe socioeconômica também é uma força importante nesse contexto para moldar o que os roteiros permitem e proíbem. Podemos pensar que a relação infantil com um dos pais acabaria por ditar o que fazemos na cama — se fôssemos amamentados no seio, por exemplo, talvez erotizássemos o mamilo ou os atos de sucção —, mas essa explicação não basta, porque as práticas sexuais se revelaram muito dependentes da classe. Kinsey e seus colaboradores surpreenderam-se ao ver que a frequência do contato orogenital e das carícias com a boca nos seios era bastante previsível conforme a pessoa tivesse menos ou mais do que nove anos de escolarização formal, embora hoje, na era de multiplicadores de mensagens como a internet, essas estratificações tradicionais da atividade sexual sejam menos disseminadas.[74]

Os roteiros também nos dizem onde podemos ter relações sexuais, embora, é claro, quando certos lugares são excluídos, podem por isso mesmo ser erotizados (como o armário de vassouras no restaurante Nobu para Boris Becker). Atualmente, a maioria das pessoas do mundo divide o quarto com mais do que apenas seus parceiros imediatos, e os padrões ocidentais privilegiados de privacidade no quarto são uma exceção tanto atual quanto histórica. Curiosamente, houve época em que os trens foram espaços altamente sexualizados e, no extraordinário catálogo de L. van der Weck-Erlen sobre as 531 posições sexuais possíveis para o corpo humano — publicado em Viena em 1907 pouco depois dos *Três ensaios sobre a teoria da sexualidade* de Freud —, cada posição é marcada por um sinal especial indicando se poderia ou não ser executada de maneira razoável numa cabine de trem.[75]

A fobia freudiana dos trens é bastante conhecida, e várias interpretações foram oferecidas sobre ela no correr dos anos, mas a codificação de Van der Weck-Erlen lança uma nova luz sobre a questão. No fim do século XIX e início do século XX, havia uma enorme prática de prostituição não apenas no entorno das estações ferroviárias, mas nos trens — um espaço social novo e inusitado em que um homem e uma mulher podiam ficar juntos a sós —, donde a perspectiva de uma viagem ferroviária de negócios incluía, quase automaticamente, a possibilidade e talvez a tentação de obter serviços sexuais. Quando Freud se viu molhado de suor antes de uma viagem de trem, é bem possível que esse tenha sido o fator principal, sobretudo se lembrarmos que ele publicou um relato de sua experiência de desorientação e confusão quando, na tentativa de sair da zona de meretrício de uma cidade italiana, descobriu-se sem querer voltando a ela.

Os roteiros culturais do Ocidente ditam não apenas lugares, mas também sequências. Numa ordenação popular dos eventos, cada passo é claramente estipulado: primeiro beijar, depois tocar a parte superior do corpo por cima da roupa, em seguida tocar a parte superior do corpo por baixo da roupa, depois tocar os órgãos genitais por cima da roupa, então tocar os órgãos genitais por baixo da roupa, depois tirar a roupa, em seguida praticar alguma forma de penetração genital e, por fim, algum tipo de conversa. Esses roteiros têm papéis de gênero pesadamente marcados, nos quais se supõe que homens e mulheres façam coisas diferentes em momentos diferentes da sequência, junto com variações de roteiro que levam em conta a idade das pessoas envolvidas.

Se um roteiro pode conferir valor erótico a algum aspecto de um encontro — ou ajudar a moldá-lo —, ele também pode deserotizar. Em muitas sociedades, os casais ajudam-se mutuamente a se despir antes do sexo, e esse processo costuma fazer parte da própria sequência erótica. Um homem reclamou de sua perda de excitação quando, ao chegar à casa de alguém para um encontro, foi instantaneamente instruído, ainda à porta: "Tire a roupa". Nesse caso, a ação de despir-se ou o despir mútuo foi literalmente despojado de sua carga intersubjetiva, embora, para a outra pessoa, a ordem impessoal pudesse muito bem aumentar a excitação. Curiosamente, os membros do casal tendem a não ajudar um ao outro a se vestir depois do sexo, dado que isso não faz parte do roteiro; mas podemos imaginar que, se uma cena de "pôr a roupa" fosse erotizada em alguma série ou filme da Netflix, ela poderia entrar no roteiro cultural e adquirir valor sexual.

Stephanie Theobald, autora do notável estudo sobre o orgasmo intitulado *Sex Drive*, recordou um esquete do comediante Ken Dodd, na década de 1970, em que um casal lascivo veste progressivamente mais e mais roupas, arfando e suspirando à medida que acrescenta cada camada adicional, e, por fim, quando inteiramente vestido, desaba na cama, exausto. As risadas decorrem da inversão do roteiro padronizado, mas mostram que a convenção e a sequência estruturam as relações sexuais, de modo que é muito difícil estabelecer uma dicotomia entre o comportamento natural e o artificial.

O recente programa de televisão *Naked Attraction* usa como premissa esse aspecto dos roteiros sexuais. O programa é apresentado como um "encontro às avessas", de tal sorte que, em vez de haver um encontro para um drinque, para as pessoas se conhecerem e depois, talvez, tirarem a roupa, ele começa pela nudez e percorre o caminho inverso, até o encontro para beber alguma coisa. Os participantes veem uma série de cabines opacas, cada qual contendo uma pessoa nua, e a primeira revelação torna visíveis apenas os seus órgãos genitais. Outras partes do corpo vão sendo reveladas à medida que o jogo continua, os competidores são progressivamente eliminados e, por fim, um dos participantes escolhe seu parceiro dos sonhos e os dois partem para se encontrar num local público, inteiramente vestidos.

O bordão do programa diz que "Começamos onde um bom encontro termina", mas é de se presumir que um bom encontro não termine na visão isolada da genitália de alguém, e é interessante observar como as plateias reagem ao programa.

Os efeitos são descritos como exatamente o oposto do erótico, mais parecidos com a participação numa pantomima infantil, com risinhos, gritos, suspiros e bajulação; num dos casos, um homem circuncidado desmaiou ao ver o "espaço preto" criado na abertura do prepúcio dos pênis exibidos. "Mal consegui acreditar", disse ele. "Tinha um buraco na ponta do pau deles, não consegui mais olhar."

Nesse contexto, os roteiros convencionais podem oferecer uma dose de segurança psicológica, muitas vezes sendo o acesso genital cuidadosamente posicionado num ponto avançado da sequência — e em condições de luz ou sombra —, mas é claro que isso pode variar em termos culturais e históricos, e o roteiro pode codificar a coação de uma ou ambas as partes a segui-lo até o fim. Os roteiros mitigam e aumentam o risco, oferecendo um arcabouço para a conduta, mas exercem pressão para que a sequência seja seguida, às vezes além do ponto em que um ou ambos os participantes prefeririam dizer "Pare".

Os ROTEIROS TAMBÉM PODEM INCLUIR métricas de avaliação que vão do efetivo estabelecimento do valor monetário das mulheres, em algumas sociedades, até à atribuição de notas às mulheres que é comum nos círculos homossociais masculinos. Aqui em Londres, admiro-me com frequência ao entreouvir homens instruídos e aparentemente cônscios das injustiças sociais darem notas a mulheres, não raro uma nota para o rosto e outra para o corpo, e terminarem abruptamente a conversa à entrada de uma mulher no raio do campo auditivo, tornando-se então respeitosos e gentis. Presume-se que as notas funcionem para reforçar a pertença ao grupo masculino através da depreciação das mulheres, ao mesmo tempo que o espectro das atrações homoeróticas é mantido à distância, como veremos mais adiante. Nesse contexto, as relações sexuais com mulheres parecem ocorrer para que se converse sobre elas com outros homens, e, como Margaret Mead observou há muitos anos, assegurar a integração no grupo sexual pode ser mais importante do que o próprio sexo.[76]

Se as atribuições de notas entre grupos de homens tendem a ocorrer em espaços confinados e semiparticulares, também podem ser inteiramente públicas nos velhos concursos e desfiles "de beleza" que ainda existem em muitos países. Elas também têm sido objeto de controvérsias na indústria sexual, onde resenhas sobre atos sexuais com prostitutas são postadas na internet na maioria dos países com livre acesso à rede. Largamente condenadas como prática objetificadora e cruel — que às vezes inclui atitudes desdenhosas em relação ao consentimento —, as resenhas são vistas com bons olhos por algumas garotas de programa, pois têm o potencial de aumentar os negócios e são também sentidas como legitimadoras. Prostitutas em análise com frequência falam com orgulho das resenhas positivas, e publicam respostas e comentários para reagir às avaliações negativas (se o site o permitir).

Essas resenhas tendem a se enquadrar em dois grupos: de um lado, descrições que na verdade são apenas consolidações da vaidade do cliente, relatando seus múltiplos atos e proezas sexuais; e, de outro, elogios feitos à prostituta, com foco na personalidade, em partes específicas do corpo e em habilidades pessoais. As resenhas abertamente negativas e ofensivas são raras. Curiosamente, um traço comum aqui é uma estranha contextualização dos eventos: "Foi uma caminhada aprazível de dois minutos da estação de metrô ao apartamento de X"; "O banheiro era limpo, com um gel de banho agradável"; "Tem uma loja de conveniência a um minuto de distância"; "Os serviços locais de transporte são excelentes"; "A mobília era funcional, mas, mesmo assim, confortável". Essas intercalações narrativas não apenas revelam algo das prioridades do cliente, como também servem para criar um grupo, como se a ideia de compartilhar dicas de viagem fosse ligeiramente mais segura que a de compartilhar a mulher, ainda que, é claro, seja isso que está no horizonte dessas narrativas.

Voltando-nos agora para os códigos intrapsíquicos, eles são menos estabelecidos pela cultura do que pelas circunstâncias da experiência individual com os pais. Quando a mãe ou o pai de alguém tem certo traço físico, ou fala de determinada maneira, ou olha para o filho com um tipo específico de olhar, isso pode cristalizar-se num valor erótico, em algo que é buscado em todas as situações sociais. O aspecto intrapsíquico da roteirização sexual não se restringe a detalhes ou traços isolados, mas pode incluir nossa necessidade de repetir dinâmicas generalizadas de uma história de família, ou até outras de que ouvimos falar, mas nunca testemunhamos de fato. Alguém pode criar uma situação em que é sempre rejeitado, por exemplo, ou em que sempre deixa o parceiro depois de uma única saída.

Uma mulher cuja vida amorosa era repleta de mágoas por relacionamentos rompidos discerniu com muita clareza esse padrão de sua aflição. Cheia de otimismo e esperança, ela começava a sair com alguém e logo decidia que o novo parceiro era a pessoa certa para ela. As coisas corriam bem por algum tempo, até que, justo no momento em que era preciso assumir um compromisso — como o casal passar a morar junto —, ela se afastava, sem entender o porquê. O trabalho analítico permitiu-lhe rastrear a origem disso em eventos ocorridos muito antes de ela nascer. Sua mãe fora apaixonada por um homem que rompera subitamente o noivado, diante do que ela se voltara para o pai da analisanda como "uma espécie de compensação, e não o que ela queria". A tristeza da mãe era abertamente evocada com frequência, de modo que o amor e a perda eram mais ou menos equacionados: o verdadeiro parceiro era aquele que ela já não tinha — exatamente o cenário que a filha encenava em seus próprios relacionamentos rompidos.

Esses roteiros intrapsíquicos determinam grande parte de nossas vidas, e muitas vezes a terapia é crucial para ajudar as pessoas a se darem conta do que eles são e a desenredá-los. Mas, como o intrapsíquico é apenas uma dimensão dos roteiros, mesmo quando logramos ganhar uma perspectiva de como algumas crenças e padrões da infância nos moldaram a mudança pode ser difícil, ou ficar inteiramente bloqueada. Os códigos culturais são tão disseminados e poderosos que podem continuar a organizar nosso comportamento, muito além de qualquer decisão consciente de nos livrarmos deles. E é aí que o intersubjetivo se torna decisivo.

A dimensão intersubjetiva de um roteiro sexual é o que acontece quando os roteiros se encontram: através da interação, as pessoas podem mudar seu comportamento e sua maneira anterior de pensar e sentir. Embora haja inúmeros exemplos daqueles que se apegam apenas a um mesmo roteiro reducionista durante toda a vida, muitos mudam e fazem experiências, e o que efetivamente fazem em sua atividade sexual vai depender do que o parceiro fizer, quiser fazer ou evitar fazer. É comum ouvirmos falar de uma vida sexual que se modificou radicalmente através de um encontro inesperado com o roteiro de outra pessoa, e a questão é o que resta depois dessa reconfiguração.

Um homem que sempre havia tentado impor o controle em sua vida sexual, instruindo os parceiros sobre o que fazer, ficou perplexo quando a pessoa com quem estava prestes a iniciar seu roteiro virou-se para ele e disse, em tom firme: "Me beija". O tom categórico não era nem de longe o que ele esperava, e marcou uma mudança em suas práticas sexuais. Ele passou a procurar homens que repetissem esse mesmo momento de inversão: "Eu sempre tinha sido o parceiro ativo, impondo a minha vontade, mas agora quero que me digam o que fazer, quero aquele segundo em que tudo muda".

A ideia de roteirização sexual não pretende sugerir que tudo é predeterminado, e Gagnon e Simon tomaram o cuidado de assinalar que os roteiros nunca são completos e abrangentes e que podem mudar ao longo da vida. A pessoa pode alterar algum aspecto de sua orientação sexual em função de um processo de mudança interna, em vez de se ater à expressão tardia de um desejo "recalcado". É interessante observar aqui que uma mulher é capaz de descrever sua escolha de uma relação com outra mulher como resultado de uma série de decepções com homens, mas quase nunca encontramos o oposto: um homem não diz que escolheu um parceiro masculino depois de uma série de decepções com mulheres.

Sempre faltam linhas nos roteiros, e o choque entre eles tem resultados imprevisíveis. Tomemos o roteiro de sequências sexuais que começa pelo beijo e evolui até a penetração genital. Ele não nos diz o que fazer depois: devemos manter uma conversa polida? Limpar as manchas e fluidos corporais? Fumar, beber? Compartilhar ou não o banheiro? Deixar a porta do banheiro aberta ou fechada? Fazer referência ao que acabou de acontecer ou fingir que na verdade não aconteceu nada? E, durante a própria sequência, se tivermos contato oral com o sexo da outra pessoa, devemos beijá-la diretamente em seguida, ou evitar o beijo? Se tivermos engolido esperma ou fluido vaginal, qual é o protocolo sobre o que fazer a seguir? Devemos limpar a boca? Se tivermos levado uma mordida, é legal retribuí-la?

Isso se torna ainda mais complicado quando há mais de duas partes envolvidas. Um analisando ficou encantado quando lançaram no Reino Unido um aplicativo para encontros a três, pois correspondia à sua fantasia — e à de muitos outros homens. Mas logo se sentiu confuso e inquieto, quando se deu conta de que cada gesto, cada toque, cada beijo tornava-se então uma escolha, com o risco de fazer a terceira pessoa sentir-se excluída. Simplesmente não havia roteiro sobre como deveria ser a ordem dos atos sexuais com essa multiplicação dos parceiros. Teria ele passado tempo demais beijando ou lambendo uma pessoa em detrimento da outra? E isso significava, é claro, que teria de passar a mesma quantidade de tempo com a outra pessoa, ainda que não fosse o seu desejo. Durante esses atos sexuais, ele se identificava continuamente com a pessoa que não era incluída, e por isso ficava aflito para criar uma paridade, à semelhança de um pai ou mãe que sente culpa por favorecer mais um filho do que outros.

E, se os roteiros organizam nossa vida erótica, quais são seus efeitos sobre a sexualidade quando são violados ou invertidos? Na década de 1970, muitos homens se queixavam de perda de excitação à medida que as mulheres se tornavam mais ativas e verbalizavam mais seus desejos, pois os roteiros das interações homem-mulher vinham mudando. As risadas convulsivas nos cinemas pornôs relatadas na época foram explicadas como um efeito do desgaste das barreiras de classe, mas também poderíamos vê-las como uma reação a essa nova articulação do desejo. Quando a plateia caía na gargalhada ao ouvir a atriz Terri Hall dizer, num tom refinado, "Quero que você chupe minha xoxota", é bem possível que fosse chocante ouvir essa linguagem na boca de uma personagem aparentemente instruída e de alta classe, mas, sem dúvida, era a ação expressa que se mostrava igualmente desnorteadora, se não mais. Com o tempo, curiosamente, houve um declínio sistemático das risadas nos cinemas pornôs, de modo que assistir a imagens pornográficas tornou-se uma atividade mais silenciosa.[77]

As mudanças dos roteiros raramente são previsíveis em seus efeitos. Uma pessoa pode precisar de um roteiro rigoroso para manter a excitação e perder o interesse se ele for comprometido, enquanto outra talvez sinta uma poderosa excitação no exato momento em que o roteiro se desarticula. Se um dos parceiros rompe a sequência esperada e toca a genitália do outro antes mesmo do beijo, isso pode ser incrivelmente erótico para uma pessoa e totalmente brochante para outra, do mesmo modo que pode constituir uma verdadeira agressão. Logo, tanto seguir quanto não seguir um roteiro pode ter efeitos imensos e por vezes incalculáveis.

Isso tem consequências importantes para a ideia de educação sexual. Receber instruções sobre o que fazer, sobre o que acontece, o que podemos esperar sentir e como devemos tratar os outros constitui, essencialmente, um roteiro que somos incentivados a aprender e obedecer. Mas, se a sexualidade é construída com base em nossa infância, justamente em torno do que não é dito, do que é mascarado, escondido e cercado por um clima de negatividade e juízos morais, haverá sempre uma dimensão do sexo que se chocará com roteiros externos, ligada a coisas que um dia vislumbramos, a falas que entreouvimos, a comentários descuidados que permaneceram conosco.

O próprio fato de o sexo ser reduzido a informações torna insatisfatória e insuficiente qualquer coisa que seja claramente dita, como vimos no relato de Nora Ephron sobre sua educação sexual: ouvir que o pênis entra na vagina não era uma explicação, em absoluto, e aqui também podemos pensar na cena de *O sentido da vida*, do Monty Python, em que uma turma de alunos de educação sexual olha pela janela, entediada, enquanto seu professor copula com a esposa diante de todos. A dimensão oculta, negativa, é o que cria a sexualidade, e portanto a questão é como isso mudará e, mais tarde, permitirá as práticas sexuais. A falta de confiança na imagem do próprio corpo não é a única razão pela qual tantas atividades sexuais têm que acontecer no escuro.


OS ROTEIROS SEXUAIS PODEM TER efeitos poderosos na cultura. Consideremos a questão do orgasmo. Na última parte do século xx, este se tornou um tema central em quase todas as discussões públicas da sexualidade. Se os homens sempre o davam por certo, que dizer das mulheres? Sem dúvida, elas tinham tanto direito ao orgasmo quanto os homens. Isso criou um clima cultural em que a sexualidade feminina entrou na agenda — o que é bom —, mas em que houve uma nova valorização da experiência do orgasmo: se você não chegava lá, devia haver algo errado com você ou com seu parceiro (em geral, com você). Assim, o foco no orgasmo introduziu um novo cálculo de culpa e falha, que os terapeutas sexuais notaram na época.[78]

O orgasmo em si tornou-se parte de um roteiro, popularizado por Masters e Johnson com sua sequência "excitação--platô-clímax-resolução". Eles se concentraram no orgasmo, em parte, porque ele podia ser visto e registrado, identificado com contrações musculares involuntárias, embora fosse sabido que as mulheres podiam experimentar orgasmo sem esses sinais comportamentais. Também foi bem documentado que, nos homens, a ejaculação e o orgasmo não eram um processo fisiológico contínuo e que um podia ocorrer sem o outro. No entanto, Masters e Johnson optaram por simplificar, e o sexo passou a significar o avanço linear por esses limiares fisiológicos roteirizados.[79]

O sexo, como assinalaram Gagnon e Simon, recebeu nesse contexto uma estrutura aristotélica, como um tipo de encenação ou drama teatral, embora sem a categoria de um obstáculo, que os teóricos da dramaturgia haviam considerado necessário para que as tramas funcionassem. E, tal como numa peça, as emoções e os estados de excitação podiam — e talvez até precisassem — ser fingidos. Enquanto fingir virgindade tinha sido uma tarefa séria durante séculos, com riscos elevados, a ênfase passou a recair no fingimento do orgasmo, e, quanto maior era a pressão pela conformidade com a narrativa do orgasmo, mais as mulheres — e os homens, de vez em quando — sentiam-se obrigados a fingi-lo. Isso tornou-se uma parte tão arraigada da prática sexual que, quando a escritora francesa Marie Darrieussecq publicou um conto sobre uma mulher que fingia *não* ter orgasmos, a reação foi de completa incredulidade.⁸⁰

Depois que o sexo passou a ter essa nova estrutura dramática, é claro que se podia falhar em cada ponto da sequência, e os problemas sexuais foram rapidamente identificados com ansiedades ligadas ao desempenho. Nesse contexto, poderíamos pensar nas pequenas figuras do *mamezuke* na arte erótica japonesa, que se amontoam ao redor dos amantes e tecem comentários como "Ele não está se saindo muito bem, não é?", ou "Agora já é meio tarde para isso, não?". Espiando por baixo de tapetes e por cima de biombos, eles materializam de forma divertida a ideia de que o sexo é uma encenação ou uma demonstração que julgamos ser constantemente observada e avaliada.

Se, como sociedade, havíamos transformado nossos momentos mais íntimos em provas ou demonstrações, o novo imperativo do fim dos anos 1960 e da década de 1970 era fazer sexo sem tentar encenar nem provar nada. Como observou o psicanalista Bernard Apfelbaum, as pessoas costumavam sentir vergonha de não poder se exibir, mas agora se envergonhavam também de querer se exibir.⁸¹ Esta, é claro, era uma exigência muito mais absurda do que provar a virilidade, digamos, pois provar que não se está provando nada é mais ou menos impossível. Assim, o sexo sem roteiro de encenação era ainda mais roteirizado, com uma cobrança ainda maior dos atores, como notaram alguns dos terapeutas sexuais mais astutos. Dizer que o sexo era realmente só uma questão de intimidade significava fornecer o critério pelo qual o teste deveria ser avaliado, e, como Apfelbaum acrescentou, para que dizer a um paciente em terapia sexual que ele tem medo da intimidade, como se não devesse senti-lo?

A ênfase no desempenho e na avaliação talvez explique a mudança realmente extraordinária nas estatísticas de duração da penetração sexual no começo da década de 1970. Enquanto Kinsey havia constatado, cerca de 25 anos antes, que a duração média do coito com o pênis introduzido na vagina era de pouco menos de dois minutos, em 1973, quando Morton e Bernice Hunt conduziram sua pesquisa das práticas sexuais norte-americanas, esse número passou a doze minutos, sem incluir as carícias preliminares![82] Examinando os dados, na verdade eram os homens que falavam em doze minutos, enquanto as mulheres diziam quinze, sugerindo que talvez vivenciassem a experiência como mais demorada, ou longa demais. Qualquer que fosse o caso, os números recentes fizeram o relógio retroceder para cerca de cinco minutos, de modo que ou precisamos levantar a hipótese de uma bizarra mudança sociobiológica temporária na espécie humana no início dos anos 1970 ou, mais provavelmente, ver nos números inflados o reflexo da nova ênfase no desempenho e na avaliação.

Podemos pensar aqui na velha anedota de uma aula de educação sexual num colégio de moças na Nova Inglaterra. Depois de detalhar os perigos do sexo pré-conjugal e as consequências catastróficas que podem decorrer dele, a diretora conclui sua fala com uma advertência: "Portanto, pensem com cuidado, pensem duas vezes quando um homem as excitar: será que isso tudo realmente vale a pena, por uma hora de prazer?". Quando ela abre a palestra para as perguntas, uma voz no fundo do salão indaga: "Como a senhora faz para que dure uma hora?".

O FATO DE O TEMPO NECESSÁRIO para homens e mulheres chegarem ao orgasmo ser muito diferente complicou qualquer ideia de uma explosão simultânea de prazer. As primeiras gerações de psicanalistas não haviam ajudado muito nesse aspecto, com sua separação canônica entre orgasmos clitoridianos e vaginais, embora alguns autores, como Marjorie Brierley, houvessem discordado, preferindo enfatizar a coordenação entre a vagina e o clitóris. Segundo o dogma popular, a mulher tem que aprender a se deslocar da sexualidade clitoridiana da infância, imatura e meio masculina, para a nova sexualidade vaginal da idade adulta, transferindo suas inervações corporais de um lugar para outro. Freud dizia que a vida sexual de muitas mulheres era "paralisada" por seu apego à excitação clitoridiana, e que a receptividade vaginal assinalava a passagem para a feminilidade. Escrevendo antes do reconhecimento e da divulgação públicos mais amplos do orgasmo feminino, ele falou numa primazia das zonas erógenas — de preferências, portanto — em vez do orgasmo como tal.[83]

Alguns analistas, ao contrário, afirmaram que a sensibilidade vaginal estava absolutamente presente na primeira infância e que as duas formas de excitação preservavam sua importância ao longo da vida. Aparentemente, todos foram desmentidos nesse ponto, quando Masters e Johnson afirmaram, em meados da década de 1960, que a estimulação do clitóris era a fonte dos dois tipos de orgasmo, o clitoridiano e o vaginal, que em termos anatômicos eram basicamente a mesma coisa. O movimento de pistão do pênis impactaria o tecido mole perineal adjacente ao capuz clitoridiano e, portanto, indiretamente, a própria glândula clitoridiana. Os educadores sexuais dinamarqueses Inge e Sten Hegeler tinham defendido a mesma ideia em seu *ABZ do amor*, alguns anos antes, mas sua mensagem tivera de esperar a pesquisa norte-americana, mais vistosa, com seu envoltório científico e seus autores de jaleco laboratorial. Ao mesmo tempo, a psiquiatra Mary Jane Sherfey, famosa por definir o uso dos vibradores como "ninfomania sem promiscuidade", enfatizou a união biológica do clitóris com o terço inferior da vagina, e Shere Hite explicou, em seu *Relatório*, de 1976, amplamente lido, que a penetração vaginal apenas disseminava as sensações provenientes da excitação clitoridiana direta ou indireta.[84]

Estudos posteriores viriam a mostrar que o clitóris era muito mais do que um "botão de prazer" isolado, com raízes e ramificações substanciais que se estendiam ao longo dos grandes lábios e dentro deles, bem como por partes da parede vaginal. Em vez de uma ervilha — como na história da princesa que conseguia senti-la sob todos aqueles colchões —, ele passou a ser comparado a uma pessoa de braços compridos e aderentes, como as mãozinhas de brinquedo que grudam na parede e encantam as crianças, ou como um polvo. Com mais pesquisas e imagens da anatomia e da inervação do clitóris, afirmou-se que o chamado orgasmo vaginal era um simples produto do impacto da raiz clitoridiana na parede vaginal anterior. Caso encerrado.[85]

Nesse contexto, o roteiro cultural tem efeitos diretos na vida sexual, uma vez que as pessoas aprendem a avaliar seus sentimentos e ações em termos do que as autoridades científicas lhes dizem sobre o corpo. Aqui, porém, os fatos tanto são úteis quanto inúteis. Pessoas que sofreram lesões na coluna vertebral, que efetivamente bloqueiam qualquer transmissão nervosa proveniente da genitália, ainda são capazes de relatar a experiência de orgasmo e, em geral, há um intervalo de dois a quatro segundos entre a sensação do orgasmo e as mudanças fisiológicas efetivas registradas por Masters e Johnson.[86] Da mesma forma, vez por outra lactantes relatam chegar ao orgasmo apesar da ausência de qualquer estimulação genital, e o mesmo dizem mulheres que estão suspendendo o uso de morfina.

Similarmente, um orgasmo acompanhado por todos os sinais de esforço físico e aceleração cardiorrespiratória pode ocorrer na ausência de qualquer movimento corporal — por exemplo, na simples atenção visual a um filme excitante. Nesse contexto, as mulheres podem chegar ao orgasmo vendo pornografia ou vivenciando uma fantasia, sem nenhuma estimulação genital, coisa que os homens não costumam ser capazes de fazer (com algumas exceções célebres, como Jean Cocteau e Samuel Johnson).[87] A ativista sexual e artista performática Carol Queen descreve que, havendo a energia sexual certa por parte de um cliente, ela era capaz de chegar ao orgasmo simplesmente afagando o pé, enquanto se exibia em seu trabalho num *peep show*.[88] O que quer que dite o roteiro cultural — e, hoje em dia, é comum ele ter o verniz biológico da abordagem de Masters e Johnson —, a experiência feminina real do orgasmo é diferente, em muitos casos. Em vez de dizer que as mulheres devem estar erradas, como tendem a fazer alguns especialistas, certamente vale a pena escutar o que elas dizem.

Com o orgasmo, as mulheres tendem a distinguir tipos diferentes de experiência. O popular binário vagina-clitóris fornece um arcabouço, mas um arcabouço que é contraditório e reducionista, pois há inúmeras permutações, e é notável ver como o vocabulário usado para uma delas pode ser idêntico ao usado para outra. O orgasmo clitoridiano pode ser descrito como "mais intenso", "agudo", "dramático", "elétrico" ou "ardente", enquanto o vaginal é "menos intenso", "profundo", "pulsante" ou "tranquilizador"; mas os mesmos termos podem ser aplicados por outras mulheres a experiências aparentemente opostas. Num estudo, os orgasmos induzidos pela vagina foram descritos como "mais fortes" por 40% das mulheres e como "mais fracos" por 42%.[89] Herschberger tinha advertido, anos antes dessa pesquisa, que os binários não eram um arcabouço apropriado para estudar a sexualidade feminina, e Selma Fraiberg havia notado o "vocabulário espantosamente rico" das moças para diferenciar sensações associadas à exploração vaginal de outros tipos de "sensações agradáveis".[90]

Enquanto o orgasmo feminino é frequentemente equiparado, em termos culturais, a uma espécie de experiência de êxtase, ele também pode ser sentido como embotador ou indesejado, ou até distante do corpo, sendo então descrito como "externo", "estranho" ou "morto".[91] Entre os que o estudam em termos do binário vagina-clitóris, tem-se afirmado que o orgasmo vaginal se correlaciona mais de perto com uma visão de mundo em que a estimulação, a tensão e a excitação são mínimas, o que é entendido como uma refutação do velho dogma psicanalítico segundo o qual as mulheres "vaginais" são mais maduras ou mais ajustadas do que as orientadas para o clitóris. A maioria dessas pesquisas é muito duvidosa, mas visa pelo menos questionar a segregação das mulheres em classes avaliadas por juízes do sexo masculino.

O orgasmo, de fato, é quase sempre considerado secundário pelas mulheres nas pesquisas sobre satisfação sexual, e apenas uma em cada cinco o consideram a fonte mais importante do prazer sexual. No sexo com homens, o orgasmo pode ocorrer em apenas 25% das vezes, quando muito.[92] A educação masculina que faz a ejaculação peniana ser vista como o auge e o objetivo final do contato sexual tende a acarretar uma falta de sensibilidade à natureza multilocalizada da excitação feminina, bem como a fontes não genitais de prazer. Enquanto costumam ter uma concepção hidráulica da sexualidade, vendo o orgasmo como alívio da tensão, os homens são menos sensíveis à dimensão do significado e aos efeitos que este pode ter na excitação feminina. A confiança, afinal, é um significado, e um significado que pode ser o fator-chave para permitir o prazer sexual, em alguns casos.

Numa argumentação contrária a Masters e Johnson, Josephine e Irving Singer observaram a importância da dimensão emocional, na qual o significado dos atos sexuais não pode ser dissociado de sua fisiologia. Questionando as definições simplistas e arbitrárias do orgasmo feminino, eles enfatizaram a multiplicidade de suas formas e sua equiparação equivocada a contrações perineais ou vaginais involuntárias: um orgasmo não é menos "real" na ausência de convulsões musculares. Estas podem ocorrer sem nenhuma sensação de prazer, mas os estudos laboratoriais do sexo não foram capazes de levar em conta a questão da satisfação nesse aspecto, já que não tinham meios para avaliar o papel da emoção.[93]

Na esperança de ir além do binário vagina-clitóris, os Singer distinguiram três tipos de orgasmo: vulvar, manifestado em contrações musculares após estimulação clitoridiana; uterino, caracterizado por reações emocionais e por arquejos após os quais se prende a respiração, sem contrações; e misto, uma mescla das duas formas anteriores, com contrações e apneia acompanhada por uma sensação "ofegante", mais profundo que o orgasmo vulvar. Como disse uma mulher, "minha vagina engole uma ou duas vezes e tenho um orgasmo".

As mudanças na respiração que caracterizam as formas uterina e mista envolvem o que os Singer chamam de "deslocamento laríngeo" — breves apneias repetitivas em que cada arquejo contribui para o volume de ar preso nos pulmões, puxando a laringe para baixo e para trás, a fim de produzir uma sensação de "estrangulamento em êxtase". Em seguida, o músculo cricofaríngeo — o esfíncter esofagiano superior — volta de estalo a uma posição de repouso, e a respiração é expelida de modo explosivo, numa sequência muito diferente do arquejo típico da hiperventilação do orgasmo vulvar. Tal como Teofrasto havia outrora sugerido classificar as flores por seu aroma, e não pela forma e cor de suas pétalas, o trabalho dos Singer nos convida a classificar os orgasmos menos pela área genital estimulada do que pelos padrões diferenciais de respiração e sua repercussão emocional.

Aliás, o que eles denominam deslocamento laríngeo também ocorre na tristeza, na surpresa, no medo e na alegria, daí algumas mulheres descreverem o orgasmo como "nada além de emoção". Nas palavras de Doris Lessing, "o orgasmo vaginal é emoção e nada mais, sentido como emoção e expresso em sensações indistinguíveis da emoção".[94] Lágrimas e soluços podem acompanhá-lo, e Lessing observa que a expressão facial desse tipo de orgasmo é de medo, com os cantos dos lábios repuxados para baixo, enquanto no orgasmo clitoridiano os dentes são mostrados e o cenho se franze, como em quem sente raiva.

É frequente os homens ficarem perplexos com a curiosa mescla de lágrimas, tristeza e alegria que pode acompanhar o orgasmo feminino, reações que raramente acompanham a ejaculação masculina e que, na verdade, podem eliminar a ereção do homem. Quando exploramos um pouco mais, é comum descobrirmos que as lágrimas indicam um sentimento profundo de perda potencial: perda não do pênis real do homem, mas de sua presença, sua vida, seu amor. A experiência dessa intimidade poderosa e ímpar — que pode ocorrer com a mesma frequência, ou até mais, nas relações sexuais entre mulheres — traz consigo, literalmente, o espectro de sua perda, e por isso, talvez, o sentimento temporário de tristeza. Mas essa tristeza pode ser causada por outras emoções igualmente complexas.[95]

Uma mulher em terapia com Edrita Fried explicou que, às vezes, sua parceira parecia estar "perto demais" — o que a levava a se perguntar "Quem sou eu? Onde estou?" e a se refugiar em breves relações com parceiros masculinos exatamente para se poupar do sentimento apavorante de se perder na intimidade: "Eles me assustam menos, porque não há proximidade". Quando ela ficava perto demais, "não existe um eu". Essa questão das fronteiras foi lindamente descrita por uma paciente de Edith Jacobson, que diferenciou proximidade, semelhança, igualdade e unidade: "Próximo é próximo, como eu com você; quando a gente se parece com alguém, é apenas *semelhante* a esse alguém, você e ele são dois; na igualdade, você é a mesma coisa que o outro, mas ele ainda é ele e você é você; mas a unidade não são dois — é um só, um só, e isso é terrível, terrível!", exclamou, levantando do divã de um salto, num pânico repentino.[96]

Se uma fusão das fronteiras pode ser apavorante, a hostilidade em relação ao parceiro sexual pode fazer parte da experiência do sexo, e constatamos repetidamente tanto esse sentimento de censura quanto uma outra forma de ódio, talvez diferente. Uma analisanda se masturbava sem fantasia alguma, exceto por um intenso sentimento de ódio da mãe, "como se eu a odiasse com o clitóris". Isso é raro, mas outros analistas notaram que o ódio pode fundir-se com a excitação, e Anaïs Nin, num trecho famoso de *Delta de Vênus*, escreveu que "o orgasmo tinha sido tão intenso que ela achou que ia enlouquecer, com um ódio e uma alegria diferentes de tudo que já havia conhecido".[97] Seria esse o ódio gerado pela perda dos limites, ou alguma outra coisa?

A QUESTÃO DE FINGIR O ORGASMO abre a questão mais ampla da verdade e da autenticidade. Como sabiam os terapeutas sexuais dos anos 1970, os novos imperativos do movimento de autenticidade — os de "ser real" e "fiel a si mesmo/a" — simplesmente davam um nó nas pessoas.[98] O sujeito podia tornar-se ainda mais inibido no sexo ao tentar se livrar de todas as inibições. As encenações de papéis sexuais tinham um atrativo especial nesse caso, pois contornavam o problema: todos os participantes faziam uma encenação, de modo que o sexo perdia a missão de ser autêntico. Muita gente ainda acha que desempenhar papéis é um excelente modo de manter relações sexuais com outras pessoas, já que a inibição, o embaraço e a encenação deixam de ser anomalias, tornando-se parte do próprio roteiro.

Mas, mesmo na encenação de papéis, supõe-se que o orgasmo seja genuíno, de modo que a questão da verdade não é inteiramente afastada. Quando os adultos brincam de situações de médico-paciente, professor-estudante ou chefe-empregado, os microdramas que eles montam tendem a culminar num orgasmo que parece autêntico: o arcabouço artificial garante o estímulo para a excitação não artificial. É interessante notar que quase todos os papéis desempenhados envolvem a representação de cenas que levariam, na realidade, a denúncias, desonra ou prisão de profissionais, dada a existência de limites transgredidos e relações de poder exploradas.

Essas encenações de papéis são extraordinariamente difundidas e podem ser diretamente proporcionais à crescente seriedade com que os limites profissionais — e portanto os tabus — são tratados na sociedade. Aqui, os dois pesos e duas medidas podem não ser simples hipocrisia, e sim parte da própria estrutura do mundo social, que age no sentido de desviar o desejo. Comparemos, por exemplo, as reações horrorizadas aos casos de pedofilia e a violência contra os perpetradores e o fato de que o produto mais vendido na maioria das lojas de artigos sexuais do Ocidente — excetuados o material impresso e visual e os vibradores — é o uniforme feminino de estudante.

E isso nos leva à pergunta principal: como é possível provar a autenticidade do orgasmo? Como podemos saber com certeza o que é sentido e não simplesmente fingido? Um homem criado na bolha do amor incondicional da mãe pagava a prostitutas para se entregarem a várias práticas, todas as quais terminavam com elas se engasgando. Ele explicou a lógica desse aparente sadismo: tudo o que ele fazia era sempre elogiado pela mãe, e ele não podia, literalmente, fazer nada de errado, o que tornava irreal toda a sua vida. "Nada era verdade, tudo era falso." Fazer uma mulher se engasgar, no entanto, não podia ser fingido: era a única prova que ele tinha de uma coisa real, de algo genuíno que ele mesmo havia causado, de um lugar de verdade numa mulher, coisa que ele tinha sido incapaz de encontrar na mãe.

A dor infligida à mulher, nesse contexto, certamente poderia ser descrita como sádica, embora o objetivo consciente não fosse gerar sofrimento, e sim verdade. Existem outros casos em que a angústia e o sofrimento do parceiro sexual são, de fato, o resultado desejado, e Sade acreditava que, como a sensação de gozo da mulher podia ser fingida, mas a de dor não, a dor era a forma suprema de atividade sexual. Aliás, "fabricar" já foi um termo usado para designar a própria prática do coito.[99] Há aí uma diferença clinicamente importante: a busca do reflexo de engasgo tinha a ver com encontrar um ponto de autenticidade, de realidade, ao passo que os casos em que o objetivo é produzir sofrimento envolvem um prazer real com o mal causado, uma excitação ligada à dor. Nesses casos, é comum encontrarmos uma história infantil de violência na qual a pessoa foi torturada ou vitimada pelos pais ou irmãos, e não incondicionalmente amada.

Quando o amor esteve ausente ou foi inteiramente condicional, pode ser difícil, ou até impossível, a criança sentir que foi capaz de afetar os pais, e assim a única opção disponível talvez pareça ser a inflicção de dor, ou, em alguns casos, a condução do parceiro ao colapso. Só então essa pessoa pode sentir que realmente existe, naquele momento fugaz de fúria ou desespero do outro. Um homem que gostara de estrangular soldados alemães com um arame no Gueto de Varsóvia viria a descobrir, muitos anos depois, que sua excitação sexual se cristalizara em determinado cenário. Ele rodava de carro pelas ruas até encontrar uma barbearia antiquada e pedia que lhe fizessem a barba. Concluído o trabalho, dizia que o rosto não estava suficientemente liso e que a barba tinha de ser refeita. Com a continuação desse processo, ele ejaculava sob o avental colocado pelo barbeiro, no momento em que parecia que o próprio barbeiro não aguentaria mais e perderia o controle. O homem então pagava e voltava para casa.[100]

Nesse caso, a excitação ligava-se tanto ao risco de vida — ele imaginava que o barbeiro poderia exasperar-se a ponto de lhe cortar a garganta com a navalha — quanto à imposição de sua ordem, que sobrepujava a subjetividade do barbeiro a ponto de se tornar insuportável. Seu controle e seu medo da perda de controle do outro convergiam para o mesmo lugar, no momento que garantia seu orgasmo, e poderíamos indagar o que isso nos diz sobre o próprio orgasmo: devemos vê-lo como uma experiência de prazer e satisfação, como um tratamento da angústia e do terror, ou concluir, talvez, que aqui não havia realmente diferença entre os dois?

O papel da dor na vida sexual não pode ser previsto pela história da infância. Não há regra que dite se uma pessoa a quem foi infligida uma grande dor optará, mais tarde, por infligir dor a terceiros ou por buscar alguém que inflija dor a ela mesma. As vicissitudes da história de cada um embasarão essa escolha, e, do mesmo modo, poderá haver uma completa evitação da dor. Os roteiros podem modificar-se e raramente passam inalterados de uma geração a outra, do mesmo modo que os compromissos — como o de levar ao engasgo — podem aparecer como resultado de eventos aleatórios e só depois passar a encarnar uma condição fundamental da excitação.

Mas os cenários sexuais não têm lugar especial aqui, pois representam momentos privilegiados de intimidade. O que isso quer dizer é que eles se tornam particularmente adequados à encenação de dramas de aceitação e rejeição, do ser escolhido/a e, depois, abandonado/a. Se, na vida cotidiana, alguém é privado do poder, digamos, de humilhar outras pessoas, o sexo pode acabar sendo o único espaço em que isso se torna momentaneamente possível. Uma relação de poder pode ser estabelecida e desfrutada, ainda que de forma breve — uma relação em que a pessoa ocupa, provavelmente, os dois lugares de uma só vez: o do humilhado e abandonado e o daquele que humilha e abandona.

Aqui, a dica sobre a duplicação dos lugares pode ficar clara na emoção posterior: culpa e, muitas vezes, riso. Nos famigerados experimentos de Stanley Milgram nos quais se pediu a sujeitos do sexo masculino que administrassem choques elétricos em seus pares acionando controles rotulados de "Choque intenso" e "Perigo: choque severo", ele notou que os sujeitos que aumentavam a voltagem — a maioria — por vezes davam gargalhadas incontroláveis enquanto o faziam: "O riso parecia inteiramente deslocado, até bizarro". Tratava-se, presumivelmente, de um sinal de identificação com as vítimas, como se os sujeitos experimentais estivessem nos dois lugares ao mesmo tempo. Gershon Legman, comentando isso, assinalou a aparente ausência de riso nos militares dos campos de concentração encarregados de insuflar Zyklon B nas câmaras de gás. Eles não eram divididos pelo riso, assim como não eram divididos pela identificação com suas vítimas, donde talvez serem capazes de fazer seu trabalho sem o menor esforço.[101]

AGORA, vejamos como essa dinâmica de roteiros e compromissos operaria nos meninos. Nas sociedades patriarcais, a maioria dos relatos nos diz que, tradicionalmente, os meninos são educados desde o começo para valorizar a agressão e a dominação. O pênis é uma arma a ser usada a seu serviço e o sexo é entendido como um ato de posse. Dá-se pouca atenção ao prazer feminino e o corpo da mulher é visto como um instrumento para o gozo masculino, nada mais. Nessa versão da sexualidade masculina, a distância entre o coito e o estupro é bem pequena.

Ora, não há dúvida de que essa concepção da sexualidade masculina e o diferencial de poder em que ela se baseia foram e continuam a ser muito difundidos. Calculou-se que, para cada anedota em que o pênis tem alguma capacidade de dar prazer a uma mulher, há dez em que ele é usado para feri-la, empalá-la ou matá-la. No entanto, o que antropólogos, historiadores e analistas constataram é que há muito mais acontecendo por trás dessa aparência. Junto com a variação cultural e temporal, o comportamento aparente nem sempre revela o que está em jogo, e talvez o primeiro ponto a frisar seja o de que nem todas as orientações sexuais humanas baseiam-se em instintos copulativos inatos, e sim no medo.

Isso foi muito bem destacado na descrição fornecida por um menino de sete anos sobre sua posição: "Eu me interesso muito pela sexualidade. Pessoalmente, sou não binário, mas a gente pode ser trans, gay, lésbica, hétero, bissexual ou homofóbico". A homofobia foi entendida como uma orientação por si só, como se o medo e o preconceito pudessem ser uma característica definidora da identidade sexual. Os roteiros sexuais podem codificar e transmitir esses temores, visando criar e manter limites, bem como nos oferecer uma bússola, um guia para atravessarmos o cenário apavorante das mudanças em nosso próprio corpo e da interação com os corpos dos outros. Para os meninos, existe o conhecido medo da lesão corporal — celebremente identificada por Freud com a castração —, mas há também o pavor mais arcaico da penetração genital, anal e abdominal.

Os meninos de dois a três anos são especialmente expressivos em suas preocupações com as invasões dos limites do corpo, sendo os agressores geralmente identificados com animais ou pessoas más que mordem e devoram. A maioria das histórias criadas pelas crianças por volta dessa idade envolve ferimentos ou mutilações, e os pesquisadores notaram a alegria diante das atrocidades, com os meninos desfilando com armas que perfuram e penetram. Aos cinco anos, as ameaças tornam-se mais abstratas, a exemplo de terremotos, inundações, incêndios, tsunamis ou guerras nucleares, e os personagens perigosos de suas histórias tornam-se menos identificáveis. Os meninos descrevem desgraças com muito mais frequência do que as meninas, embora estas pareçam mais interessadas do que eles em remediar ou curar as coisas ruins que acontecem, e em entender exatamente como elas ocorreram.[102]

A perda de partes do corpo é um tema muito mais comum entre os meninos do que entre as meninas, e, na adolescência, as piadas e "histórias reais" tendem a girar em torno de lesões genitais, penetração anal, acidentes pavorosos e mutilações do corpo. A rapidez com que elas são transmitidas e circulam atesta a pressão para que a angústia e a culpa evocadas pelos pensamentos sexuais sejam dispersadas ao máximo. E, ao mesmo tempo, isso cria sistemas frágeis de inserção grupal, através da afirmação de ansiedades compartilhadas e da exclusão e depreciação das meninas e mulheres.[103]

Nas pesquisas para este livro, surpreendi-me ao constatar que praticamente todos os estudos dos limites corporais, da década de 1950 até hoje, sugeriram que os limites masculinos eram vividos como muito mais porosos do que os femininos. Isso me pareceu chocar-se não apenas com o trabalho psicanalítico, que enfatiza a angústia em torno da penetração vaginal, mas também com a aparente atenção à superfície do corpo exibida por muitas mulheres, reforçada pela indústria de cosméticos, e com a longa história dos ritos e costumes destinados a manter os limites do corpo feminino, como se vê pela antiga insistência na virgindade antes do casamento.[104]

Mas isso significava, muitas vezes, uma pura aparência de virgindade, pois um número altíssimo de casamentos na Igreja — entre 20% e 50%, no início da era moderna — ocorria quando a noiva já estava grávida, e alguns grupos sociais até optavam por escolher apenas uma mulher para conservar a virgindade do corpo, fazendo dela um símbolo e, com isso, eliminando as sanções contra as outras pelo sexo pré-conjugal. Aqui, o foco na virgindade "pública" pode ser visto como um reflexo dos imperativos sociais masculinos, e só muito recentemente é que o estupro passou a ser considerado um crime contra a mulher, em vez de um crime contra o homem que era dono da mulher. A perda da virgindade significava uma perda ou uma redução do valor socioeconômico da noiva, em muitas culturas, e os castigos iam da execução do culpado até graves penalidades financeiras.[105]

Curiosamente, embora pareçamos ter ultrapassado isso em nossos tempos esclarecidos, o investimento na pureza virginal é muito difundido: nas cerimônias de casamento, o véu da noiva é um símbolo claro da membrana himenal, e a quebra do prato e do copo que faz parte das cerimônias matrimoniais de muitas culturas representa a ruptura do selo da virgindade. Similarmente, como assinalou Gershon Legman, o gesto de carregar a noiva no colo para cruzar a soleira da casa significa, na verdade, cruzar a soleira da noiva.[106] Até nos supermercados, muitos produtos têm um aviso que instrui os consumidores a devolvê-los, caso constatem que o lacre foi rompido, o que decerto é um vestígio do culto do hímen intacto.

Mas a porosidade do corpo masculino não deve ser subestimada, e aqui poderíamos pensar nas muitas imagens culturais de um corpo dentro de outro, desde *Avatar* até *Círculo de fogo*, no qual um corpo masculino é abrigado no interior de um corpo robótico. Para aumentar o poder do homem, o exoesqueleto também fornece um envoltório corporal rígido, que cria uma sólida fronteira no local da possível invasão. Até a tradicional insígnia do poder masculino — o falo — pode ser um condutor para essas vulnerabilidades, como vemos no corriqueiro tema onírico do pênis aberto e penetrável pela uretra. Tal como a duplicação do próprio corpo, também é frequente haver fantasias infantis de um pênis encaixado dentro de outro.

O medo de invasão, nesse contexto, pode ser ligado a forças externas e internas. Um jovem paciente de Selma Fraiberg entendia perfeitamente que a gravidez envolvia esperma e fecundação, mas presumia que o esperma ficava contido no próprio pênis. Assim como o corpo da mãe seria aberto com um corte para deixar o bebê sair, explicou ele, o pênis também teria que ser aberto para liberar o esperma, que ele imaginava ter o tamanho de uma bola de gude. Esse tamanho ampliado tinha por base um livro sobre reprodução que sua mãe lera para ele e que havia afirmado claramente que a imagem exibida, do tamanho de uma bola de gude, tinha sido feita com um microscópio, já que os próprios espermatozoides eram pequenos demais para ser vistos a olho nu. A angústia desse jovem com o corpo havia moldado as informações que ele tinha conseguido absorver, e seu pavor de danos causados ao pênis mal chegou a ser mitigado.[107]

Talvez seja o esforço de manter esses frágeis limites corporais que, com muita frequência, resulta na violência. Os meninos têm medos assustadores de lesões numa parte do corpo e de explodirem e perderem as vísceras. Temem a invasão por um pênis masculino e poderíamos até afirmar que a sexualidade masculina é uma estrutura complexa, cujo propósito principal é constituir uma defesa contra esses pavores iniciais. Os medos em si podem derivar do manejo do corpo da criança pelos pais e de suas atitudes em relação a ele; do medo de retaliação pela raiva dessa mãe ou desse pai; ou de formas arcaicas de identificação com a mãe, também ela tida como passível de penetração. Quando o protagonista do filme *Ted* explica a seu ursinho falante que está planejando algo realmente muito especial para a namorada, o ursinho presume que isso signifique a penetração anal, como se isso estivesse no horizonte de todos os outros atos sexuais.

Devemos lembrar aqui que meninos e meninas iniciam a vida tão perto da mãe que as identificações com ela devem ser inevitáveis: enquanto a menina pode não se sentir pressionada a mudar de sexo, os meninos são criados para se separar da mãe, para se desidentificar dela, com frequência usando ideias culturais de comportamento masculino. Como notou

Margaret Mead, muitas vezes isso foi interpretado, com demasiada pressa, como um esforço de identificação com o pai e de ocupação do lugar dele, quando também pode constituir um modo mais básico de encontrar um contraponto para a "maternidade" da mãe: há uma diferença entre querer *ser* alguém e querer *não ser* alguém, o que pode ter impacto sobre o modo como o menino habita os papéis de gênero que assume.[108]

A masculinidade aqui é um constructo artificial, uma defesa, e, portanto, intrinsecamente frágil, e os esforços para continuar masculino podem até envolver um reforço do perigo. Quando o menino se preocupa com algum tipo de represália violenta do pai, ou com algum dano corporal decorrente de suas demandas à mãe, ele pode oferecer-se como objeto sexual: "Não sou uma ameaça, goste de mim!". Mas isso, é claro, traz um novo risco de ser penetrado, e, assim, a própria manobra designada para manter o menino em segurança o deixa efetivamente suscetível a ataques.

O humor sexual é uma fonte inestimável de discernimento dos aspectos inconscientes da sexualidade, e a anedota seguinte destaca com muita clareza a dinâmica masculina. Um ator precisa perder vinte quilos, rapidamente, para fazer o papel de Hamlet. Numa academia de luxo, oferecem-lhe um programa intensivo de doze horas por mil dólares, ou um programa de 24 horas por quinhentos. Ele escolhe o programa de 24 horas e é conduzido nu a um grande salão vazio, com uma mesa estofada no centro. A porta se abre e entra uma linda mulher nua, usando apenas uma placa sobre os seios: "Se me pegar, você me come". Pensando consigo mesmo no que devia ter perdido ao se recusar a pagar os quinhentos dólares extras, ele pede à moça para ir chamar o diretor, a quem explica que pensou melhor e preferiria a opção dos mil dólares. Ele é então levado a outra sala idêntica e trancado nela. Uma porta se abre no extremo oposto e entra um gorila gigantesco, com uma ereção enorme, usando apenas uma plaquinha: "Se eu te pegar, te como".

Mais uma vez, a piada sugere que, no horizonte do desejo sexual de um homem por uma mulher existe o pavor de ser analmente penetrado por outro homem, de modo que a própria ideia de que uma mulher busque a penetração vaginal pode perfeitamente ser uma fantasia masculina: o medo que o homem tem de ser penetrado pelo ânus é projetado nas mulheres, sendo transformado em "desejo". É ela que quer a penetração, não ele. Assim, a ideia masculina generalizada de que as mulheres querem ser penetradas, mesmo quando dizem não, pode ser uma atribuição do seu próprio medo-desejo a alguém externo. Ao fazerem as mulheres "quererem" a penetração, eles sentem menos medo de ser penetrados, eles próprios. Chama-se a isso "masculinidade defensiva", embora deva ser óbvio, a esta altura, que essa expressão é um pleonasmo: a masculinidade em si é uma defesa.

Isso explicaria por que a postura machista sempre parece tão teatral e absurda, como se não houvesse nela nada de natural e a dimensão artificial possuísse altíssima densidade. Homens situados no ápice do poder investido pela sociedade pagam a trabalhadoras sexuais, com extraordinária frequência, para que elas os penetrem analmente com uma cinta peniana. É como se a dimensão teatral da masculinidade coalescesse aqui com certa imagem da feminilidade — ou, simplesmente, com uma inversão do poder — e o falo se revelasse um objeto cenográfico artificial. Curiosamente, embora em certa época esse tenha sido o serviço predileto dos políticos homens de Westminster, no Reino Unido, parece ter havido um declínio nos últimos vinte anos, num reflexo, muito provavelmente, do desgaste contínuo de seu poder pessoal, em virtude dos protocolos de transparência, da atenção contínua da mídia e do escrutínio baseado na internet.[109]

A penetração anal também é, com certeza, uma das razões da bizarra popularidade do filme *Pulp Fiction — Tempo de violência*. Todas as conversas engraçadas e situações estranhas que os fãs tanto valorizam constituem apenas uma espécie de desvio da atenção para a cena central, na qual o poderoso gângster machão interpretado por Ving Rhames sofre um estupro anal. Quando o personagem de Bruce Willis pega uma espada para resgatá-lo, a agitação da plateia ante a perspectiva de uma vingança violenta com uma arma talvez represente o outro lado do ato de estupro que acabou de ocorrer: perfurar em vez de ser perfurado.

Segundo esse modelo, o desejo heterossexual masculino tem mais a ver com manter outros homens a uma distância adequada do que com qualquer interesse real numa mulher, embora, é claro, isso possa modificar-se com o tempo. Quando adolescentes do sexo masculino transam, a primeira coisa que fazem é contar aos amigos, como se o valor do ato estivesse mais em relatá-lo ao grupo de amizades masculinas e em se posicionar nele do que em qualquer prazer corporal ou intersubjetivo. O que é realmente chocante na primeira cena de sexo entre Marianne e Connell, na adaptação para a TV do romance *Pessoas normais*, de Sally Rooney, é o fato de, na sequência imediata, a série cortar para uma cena em que

Connell e seus amigos estão fazendo piadinhas mas ele não diz nada sobre o que acabou de acontecer.

Esse enquadramento pode acontecer antes, durante e depois de um ato sexual, como mostra com muita clareza o fenômeno dos sex tapes. No famoso vídeo de Ray J-Kim Kardashian, ele abre o vídeo cumprimentando todos os rapazes que depois se masturbarão ao assisti-lo, como se essa fosse a verdadeira razão para o evento acontecer. O sexo com uma mulher é o que reforça a integração no grupo masculino, ao mesmo tempo que cuida dos perigos da proximidade homoerótica. Podemos lembrar aqui que os filmes pornôs que objetificam as mulheres eram tradicionalmente exibidos a grupos de homens, e não a indivíduos — nos Estados Unidos, em convenções de negócios e política; no Reino Unido, mais frequentemente em festas.

A filiação no grupo masculino é consolidada não apenas pelo sexo com mulheres — e pelo compartilhamento de imagens dele —, mas também por atos de flagrante destruição. Todos nos horrorizamos com o tratamento dado às chamadas bruxas, no passado, e reconhecemos que, não raro, elas eram mulheres que desafiavam de algum modo as normas e valores do patriarcado. Mas queimar bruxas continua a fazer parte dos entretenimentos familiares de hoje. No mais recente acréscimo à franquia *Os caça-fantasmas — Ghostbusters: Mais além —*, o filme termina com uma cena em que os três caça-fantasmas masculinos sobreviventes torram um demônio feminino com potentes descargas elétricas. Enquanto ela se contorce em agonia, os homens a cercam, cada um disparando uma chama branca de eletricidade de suas armas, num simbolismo que embaraçaria até o freudiano mais inveterado. A tarefa de destruir uma mulher foi, essencialmente, o que voltou a reunir os caça-fantasmas, um grupo masculino agora restabelecido através desse ato de violência. A plateia nos cinemas assobiou e aplaudiu durante essa cena.

Note-se aqui que a atual promoção de super-heróis típicos como excluídos com frequência esconde essa crueldade oculta. Os recentes filmes e seriados de TV retratam personagens com poderes especiais que são incompreendidos e perseguidos por seus pares. Quando têm sorte, eles encontram reconhecimento e companheirismo entre outros excluídos semelhantes, como na franquia *X-Men* ou em *The Umbrella Academy*, e até antigos baluartes como Batman e o Super-Homem são retratados como perpetuamente acossados e como bodes expiatórios. Mas essas figuras são quase sempre as que tomam a lei nas próprias mãos, e, como assinalou Sterling North há muito tempo, em 1940, não nos esqueçamos de que elas também usam máscaras, o que as torna as novas representantes da "justiça encapuzada" que um dia foi símbolo de uma parte terrível da história norte-americana.[110] Embora muito se tenha valorizado a origem judaica de alguns criadores de super-heróis, essas figuras ainda ocupam um espaço social semelhante na cultura norte-americana: indivíduos mascarados que fazem justiça fora da lei.

GRUPOS MASCULINOS TAMBÉM SÃO FAMOSOS por sua moral mesquinha e visão xenofóbica e cruel dos homossexuais e das pessoas etnicamente diferentes. Estes constituem imagens de diferença — e desejo — que significam, em parte, igualdade, o aspecto deles próprios que é preciso manter afastado e sobre o qual não devem pensar, em função do pavor de que a homossexualidade contamine a heterossexualidade.

Em muitas culturas, os rituais da adolescência masculina que marcam ou cortam o corpo talvez almejem consolidar isso, atribuindo ao menino uma linhagem masculina e desidentificando-o da mãe.[111]

Os elementos associados à feminilidade podem ser literalmente retirados do corpo a pauladas, e as substâncias supostamente contaminantes, adquiridas mediante o contato com a mãe, são expulsas do corpo à força, por meio do vômito, dos sangramentos nasais e da perfuração da pele. Como Clellan Ford e Frank Beach observaram na década de 1940, os homens heterossexuais e cisgênero são criados para não reconhecer sentimentos homoeróticos dentro de si, a ponto de se tornarem totalmente incapazes desse reconhecimento.[112] Talvez se sintam constrangidos ao urinarem perto de outro homem num mictório, ou tenham uma ereção ao assistirem a um evento esportivo, mas esses momentos são ignorados e rapidamente esquecidos. O uso das mulheres, nesse contexto, pode ser quase inteiramente defensivo, uma vez que elas são reduzidas a objetos, a uma moeda da conversa grupal e a uma medida dos feitos dos integrantes, com os atos sexuais avaliados como eventos esportivos ou homicídios, via expressões como "aquecimento", "prorrogação", "próxima vítima", "matador" ou "está na minha mira".

A violência ocasional na prostituição masculina tem com frequência girado em torno da mesma dinâmica. No trabalho sexual tipo michê, um rapaz jovem, muitas vezes sem teto e empobrecido, aceita uma felação de um homem mais velho, mediante uma taxa. Depois do pagamento e da conclusão do ato, o contrato é encerrado. Mas, caso tenha sido insinuado que o rapaz gostou ou que talvez também seja gay, isso por vezes desencadeia alguma violência contra o cliente, pois pode ser muito importante manter a fronteira hétero/homo perturbada pela insinuação.[113] As fronteiras hétero/homo nunca são estáveis, e para um homem tentar mantê-las com rigidez é necessária uma dose significativa de energia e, às vezes, violência, pois a violência tende a ser a maneira de as pessoas lidarem com a questão das fronteiras.

As brigas de bar entre homens são um exemplo óbvio disso, com a ironia de que os próprios gestos usados para defender as fronteiras também as violam, por envolverem um contato físico com outros homens. Quando rapazes espancam outros rapazes após uma ida noturna ao bar — às vezes, mas decerto nem sempre, escolhendo vítimas homossexuais —, isso constitui, sem sombra de dúvida, um exemplo de agressão sexualmente motivada, mesmo que a dimensão sexual não seja transparente para os agressores. Atos como socar, esfaquear e balear podem tomar o lugar dos contatos sexuais homoeróticos rejeitados. Embora, historicamente, as "minorias" sexuais tenham sido constantemente perseguidas e identificadas com a toxicidade e o perigo, não há dúvida de que é a heterossexualidade que constitui o verdadeiro perigo, pois é a única categoria sexual que requer a violência para determinar seus próprios limites.

Curiosamente, constatamos com frequência que as práticas sexuais rotuladas de "homo" envolvem exatamente essa porosidade no ponto exato em que as práticas "hétero" pretendem negá-la. Se um homem pode ficar incrivelmente perturbado se imagens do pênis de outro homem surgem em sua cabeça enquanto faz sexo com uma mulher, não é incomum, como nota Stephanie Theobald, encontrar uma lésbica imaginando-se penetrada por um homem enquanto transa com outra mulher.[114] Talvez haja pouco incentivo a divulgar esses pensamentos fugazes ou contínuos, já que eles podem ser sentidos como algo que se choca com a posição de gênero da pessoa e com o roteiro que a acompanha.

Embora hoje talvez haja uma latitude maior nesses roteiros, as "guerras do sexo" do movimento feminista em torno das relações mulher-mulher são instrutivas nesse contexto. Havia uma crença largamente difundida de que questionar o patriarcado de qualquer maneira séria significava modificar como e com quem se praticaria o sexo. Isso não significava apenas, como defendia Shere Hite, "menos penetração", mas a ordem, sentida por muitas mulheres, de desistir completamente dos homens e entrar em relacionamentos homossexuais. Até aí tudo bem, só que as mulheres que já viviam relações mulher-mulher criadas por elas mesmas muitas vezes sentiam que sua sexualidade estava sendo punida e julgada: havia um jeito certo e um jeito errado de praticar o lesbianismo e as "novas" homossexuais estavam ocupadas em dizer a todas as outras quais eram as regras.

Nas palavras de Gayle Rubin, "ao se misturar lesbianismo — no qual penso como uma experiência sexual e erótica — com feminismo, uma filosofia política, a possibilidade de justificar o lesbianismo por outras alegações que não o feminismo desapareceu do discurso". O desejo em si não podia ser visto como um fator legitimador. Para nós, o que há de muito interessante aqui é a dicotomia entre as lésbicas "da velha guarda" — cuja escolha era comumente narrada (por elas) como baseada em Eros e na paixão, e descrita (por seus críticos) com base em normas patriarcais internalizadas — e as novas "lésbicas políticas", cuja orientação sexual parecia fundamentar-se no que era certo, e não no desejo ardente: logo, no que Rubin chama de filosofia política.[115]

Em termos cruciais, nessa nova interpretação a escolha das novas lésbicas era *um modo de dizer algo*: um sonoro "Não" ao patriarcado e às relações heterossexistas. Isso foi considerado inautêntico pelos detratores e ridicularizado como a falsa revolta de (uma maioria de) mulheres brancas de classe média. Mas porventura não sugere que, se a adoção da sexualidade homossexual pode ser um modo de dizer alguma coisa, talvez o mesmo se aplique à heterossexualidade? Com certeza, escolher a heterossexualidade na infância ou na adolescência também poderia ser visto como um modo de se fazer uma afirmação, de se adotar sem saber uma "filosofia política" — para os pais, para os pares, para a própria segurança — sem grande paixão subjacente, e portanto talvez a nova homossexualidade feminina e o heterossexismo que se combatia compartilhassem uma estrutura subjacente parecida.

A própria divisão entre hétero e homo é, em muitos sentidos, uma construção histórica, pois os historiadores mostraram que os conceitos de heterossexualidade e homossexualidade são ideias relativamente recentes em termos da identidade sexual. Praticar com o mesmo sexo atos que hoje qualificaríamos de homossexuais teve, claramente, um sentido muito distinto em períodos do passado, embora os historiadores da sexualidade discordem quanto ao modo como foi construída a relação entre atos sexuais e identidades sexuais. No século XVI, a prática do coito anal entre homens, por exemplo, podia ser considerada pecaminosa em termos de um código social e legal, mas não significava que o indivíduo fosse "homossexual", dado que essa categoria simplesmente não existia, e talvez fosse vista como uma forma de lascívia pela qual qualquer um poderia sentir-se atraído.[116] Hoje em dia, é fácil associar as identidades sociais com as preferências sexuais, mas podemos dizer que essas equiparações eram muito mais raras no passado, embora o *kinaidos* grego ou o *cinaedos* romano tenham sido alegados como exemplos contrários, indicativos de um tipo de pessoa masculina que aluga o corpo para uso por homens (mas também aplicados àqueles que pagavam para receber penetração anal).[117]

Para falar de um exemplo famoso, dizem que Voltaire manteve relações sexuais com um inglês que lhe perguntou se ele gostaria de repetir a experiência, ao que ele teria respondido: "Fazendo isso uma vez, sou filósofo, mas fazendo-o duas vezes seria um sodomita". Ora, devemos ler "sodomita" como algo que designa uma identidade social, um "tipo de pessoa" com estilos, comportamentos e insígnias sociais estabelecidos? Ou como o autor de certos atos, presumindo-se que haja uma distinção entre atos e identidade? A simples formulação dessa pergunta, no entanto, pressupõe que a própria distinção é meio a-histórica e adicionalmente complicada pelo fato de que o termo "sodomia" poderia referir-se a uma variedade de práticas, inclusive a masturbação.[118]

Curiosamente, fazer uma distinção entre identidade e atos é, digamos, um traço característico da sexualidade masculina: "Foi só sexo", "Não é assim que eu sou", "Eu já pedi desculpas, portanto podemos passar uma borracha no assunto". A sexualidade é destilada em atos dos quais o sujeito então se distancia, como se eles não tivessem outras consequências. Vemos isso todos os dias nos relacionamentos, bem como no modo como os homens tentam inocentar-se na mídia depois de serem maculados por algum escândalo. Os homens estão sempre ocupados em fazer separações, e talvez isso explique por que a diferenciação entre atos e identidade tem sido tão popular entre os acadêmicos do sexo masculino.

Podemos notar que essa também é uma característica significativa na criação de filhos. Quando um dos pais repreende um filho por uma pequena falha, pode ser extremamente difícil e até impossível convencê-lo de que cometer um erro não faz dele uma pessoa má. Enquanto pai ou mãe tenta convencê-lo de que há uma diferença entre os atos e a identidade, o filho pode ser incapaz de pensar assim: fazer algo errado significa que os pais retiraram seu amor e que, portanto, o filho é indigno e intrinsecamente mau. Os atos e a identidade, nesse aspecto, são contínuos, e não disjuntos. As culturas religiosas, com suas ideias condicionais e incondicionais de pecado e culpa, só fazem reforçar esses juízos categóricos.

Também crucial aqui é nossa maneira de situar nossos binários: concordamos com a ideia da homossexualidade e da heterossexualidade como polaridades ou, à semelhança de Kinsey, como contínuas, de algum modo? Nos anos 1960, a classificação de Kinsey era tão conhecida que chegava a ser usada em perfis e cumprimentos pessoais, e, é claro, em piadas e esquetes cômicos — "Oi, eu sou um Kinsey Seis". Vendo a homossexualidade e a heterossexualidade como um contínuo, Kinsey tinha feito uma escala de 0 a 6 para indicar onde o indivíduo se situava no espectro, com um X adicional quando a conduta sexual era evitada. O uso jocoso dessa métrica significava que era possível o indivíduo designar-se ou designar outras pessoas com números negativos ou extremamente grandes, assim como os X podiam ser multiplicados.

Nesse aspecto, adotar uma abordagem contínua ou polarizada muda a maneira de abordarmos o problema das identidades sexuais no plano histórico, mas o próprio uso dos termos binários funciona, implicitamente, para manter essas categorias. Os historiadores da sexualidade mostraram com muita clareza que é problemático usar as categorias oitocentistas e novecentistas "hétero" e "homo" para descrever e explicar outras culturas e épocas. As relações sexuais entre freiras de conventos, ou monges medievais, ou mulheres trovadoras, ou cavaleiros templários, ou viticultoras do início da era moderna, ou jovens aristocratas do século XVIII não podem ser exploradas usando-se os mesmos termos. Se o fizermos, arriscaremos objetificar as próprias categorias, sugerindo alguma essência biológica ou social imutável, embora haja muitas pessoas que não veem nisso problema algum. Dizer, por exemplo, que "a causa da heterossexualidade ou da homossexualidade é X" perpetua a ideia de que essas são entidades fixas subjacentes que apenas requerem explicação, em vez de constructos que põem em vigor valores sociais.[119]

Essas não são apenas questões abstratas para os historiadores, mas têm um impacto real e muito tangível em todos os aspectos das relações humanas. O modo pelo qual os atos sexuais adquirem sentido e a maneira como esse sentido é usado para definir a identidade podem moldar tanto o que nos sentimos autorizados a fazer quanto o que nos sentimos autorizados a sentir. Se o garoto de programa não tivesse uma ideia moderna do que é "homossexualidade", talvez não reagisse contra ela como reage. Se a prática de felação em outros homens, por exemplo, fosse vista como uma parte do cotidiano da vida masculina, sem nenhuma implicação para as relações sexuais com as mulheres, será que correria o risco de gerar uma violência comparável?

De fato, essa tem sido uma prática comum em diversas sociedades, como os keraki e os nativos de Kiwai, na Nova Guiné, onde a penetração oral e anal entre homens formou parte do roteiro cultural para a adolescência e a masculinidade adulta. A masculinidade não é vista como um estado inato, mas como algo que precisa ser transmitido por um homem mais velho, e os meninos e adolescentes são solicitados a praticar felação neles ou a ser penetrados por eles, durante um período de até um ano, para obterem permissão de penetrar as mulheres ou entrar no circuito matrimonial. Em algumas culturas, as atividades sexuais entre homens podem continuar depois de encerrado esse período, enquanto em outras tendem a não prosseguir. Em termos cruciais, porém, participar dessas práticas não era considerado socialmente proscrito dentro do próprio grupo — mesmo que pudesse ser fonte de dor e trauma para alguns indivíduos —, e a potência podia ser entendida como uma dádiva ou uma transmissão feita por um homem mais velho através de seu sêmen.[120]

Ao fazer a verificação de dados deste livro, a fim de conferir se os primeiros estudos antropológicos desses rituais de iniciação masculina tinham sido revistos ou atualizados, descobri-me constantemente encaminhado para sites que invocavam as práticas nativas como parte de sua mitologia. Nelas, a ênfase na penetração anal era reduzida em favor da segregação das mulheres, da ingestão de sêmen e da ideia de que a masculinidade requer a intervenção de um agente masculino mais velho e mais poderoso. Os próprios antropólogos notam um declínio na iniciação ritualística, bem como sua reformulação e atenuação mediante o uso de elementos de religiões e culturas importadas.

No entanto, a possibilidade de penetração corporal é absolutamente corrente em sociedades ocidentais que não subscrevem essas práticas ritualísticas, e podemos pensar nos milhares de piadas e quadrinhas que fazem da penetração anal uma perspectiva verdadeira. Uma série de anedotas outrora populares começa por uma paisagem desprovida de mulheres: uma cidade mineradora do Oeste norte-americano. Em seguida, para criar uma distância do conteúdo da piada, a fim de que ele não provoque um excesso de angústia, introduzem-se estereótipos raciais. Para ter certeza de que os contadores e os ouvintes não serão imediatamente representados na piada — para manter a distância necessária —, os estereótipos funcionam no sentido de dizer "Não sou eu, são eles".

Consideremos dois exemplos. No primeiro, um homem chega a uma cidade mineradora e indaga no *saloon* o que pode fazer para ter sexo, dada a evidente ausência de mulheres. O barman responde: "Bem, você pode usar o [estereótipo racial] lá nos fundos". O homem fica sem graça e pergunta: "Bem, alguém vai ficar sabendo?". O barman responde: "Ah, não se preocupe, só nós cinco". O homem indaga: "O que você quer dizer com nós cinco?". Ao que o outro retruca: "Bem, você vai saber, eu vou saber e o [estereótipo racial] vai saber". "Mas isso dá três, não cinco. Quem são os outros dois?" "Ah", diz o barman, "vão ser os dois que seguram o [estereótipo racial]." A piada mostra que as coisas podem ser ainda piores do que ser um objeto sexual degradado: o sujeito pode ser fisicamente forçado a assumir esse papel.

Numa segunda variação, o homem pergunta ao barman o que pode fazer para arranjar uma transa e ele responde: "Bem, tem o barril lá nos fundos com o [estereótipo racial] dentro". Mais uma vez, o homem se inquieta e o barman lhe assegura que isso é perfeitamente normal na cidade. "Sim", ele explica, "você pode fazer isso todo dia, menos na quarta." "Por que não na quarta?", pergunta o homem. "Porque nesse dia é a sua vez no barril." Essa segunda piada destaca a verdade da primeira: que a pessoa sendo penetrada é o próprio homem e, por identificação, o contador da piada e seu ouvinte. Aqui, o lugar de ser o objeto sexual de outro homem — o que em muitas culturas faz parte da ascensão ritualística à masculinidade adulta — é o lugar do mais agudo pavor. Se as orientações sexuais são produto do medo, talvez parte da heterossexualidade masculina seja movida por esse pavor, ao passo que aqueles que não são persuadidos pela heterossexualidade talvez sejam menos perturbados por isso.

AQUI, é claro, as heterossexualidades são tão resultantes de um conflito de forças complexo quanto o são as homossexualidades. Em seu famoso artigo no *New York Times* sobre a saída do armário, em 1971, Merle Miller citou o psiquiatra Martin Hoffmann a esse respeito: "O comportamento heterossexual é um quebra-cabeça científico, tanto quanto o comportamento homossexual. Presumimos que a excitação heterossexual é natural, de algum modo, e não precisa de explicação", mas "chamá-la de natural é fugir inteiramente da questão: é como se disséssemos que é natural o sol despontar de manhã e deixássemos o assunto por aí".¹²¹ Nenhum dos dois conjuntos de orientações sexuais pode ser visto como simples resultado de uma experiência infantil — uma mãe muito amorosa, um pai distante, uma sedução traumática etc. —, e a verdadeira questão aqui é por que haveríamos de buscar uma "causa" única, para começo de conversa. Como observaram Gagnon e Simon, os padrões da heterossexualidade e da homossexualidade são consequência das estruturas e dos valores sociais que cercam a pessoa quando ela se concebe como heterossexual ou homossexual, e não de algum mandato biológico ou psicológico supremo e original.¹²²

As homossexualidades — assim como as heterossexualidades — devem aparecer no plural, neste ponto, pois não há uma entidade simples a que os termos se refiram, e um dos esforços principais dos sociólogos norte-americanos nas décadas de 1960 e 1970 foi sugerir que as heterossexualidades eram tão produto do condicionamento cultural quanto qualquer outra forma de orientação sexual. Margaret Mead já havia afirmado, nos anos 1940, que a heterossexualidade era um constructo cultural, e, mais tarde, a ativista sexual e artista plástica Betty Dodson tinha até proposto um comício do "Orgulho Hétero" — não para ser indulgente com as ideologias heterossexistas que ela tão vigorosamente combatia, mas para sugerir que a heterossexualidade estava profundamente necessitada de explicar e desconstruir suas práticas aparentes.¹²³

Havia nisso um questionamento geral da suposição de que a heterossexualidade tinha vida própria, de que não necessitava de exposição e explicação, e do uso da prática sexual para moldar as imagens "do homossexual", como se o que as pessoas faziam com seu corpo determinasse todos os aspectos de sua vida. As práticas sexuais, argumentou-se, são consequências e não causas de orientações homossexuais, e dificilmente se poderia definir a vida humana por com quem a pessoa dormiu. Muitas vezes foi assinalado que termos como "hétero" e "homo" designavam formas de amor, e não identidades sexuais, e, portanto, tinham flexibilidade em todos os gêneros, mas essa ênfase corria o risco de solapar a dimensão política do debate, que almejava direitos e reconhecimento.[124]

Lutar contra a estigmatização, em todos os níveis da sociedade, requeria formas de solidariedade e a criação de "comunidades", ainda que os indivíduos bem pudessem sentir sua diferença em relação à voz coletiva que se esperava que sustentassem. "Basear a identidade na sexualidade é como construir uma casa sobre fundações de pudim", escreveu o ativista de gênero e educador D. Travers Scott, mas consolidar identidades parecia necessário para muitos, em prol da mudança política.[125] Aqui, o respaldo e o progresso significavam dizer "nós", e não simplesmente "eu", e depois dar um jeito de escapar das consequências. "Não quero ser identificado, denominado, definido, compreendido", continuou Scott. "Tudo isso são os primeiros passos da manipulação e do controle", ainda que, para outros, possa constituir por si só uma experiência libertadora. Para muitos, o desafio era — e ainda é — dar poder a uma voz política que pudesse incluir em si a diferença.

Essa pluralização ecoa, hoje em dia, na expansão dos rótulos de gênero, que têm gerado tantos debates. Nos anos 1960, era comum dizer-se que os grupos minoritários sub-representados e estigmatizados estavam à espera de seu "verbo", ao passo que hoje talvez se trate menos de um verbo que de um substantivo.

Trabalhando com crianças, descobri que muitas têm pavor de se identificar com rótulos como "cis" ou "ht", já que isso é visto como convencional ou simplesmente ruim. Há enormes pressões sociais em alguns segmentos da sociedade para que se assumam rótulos específicos de gênero, e isso é reforçado pelo famoso senso de "diferença" das crianças e adolescentes. Toda criança sente-se alguém de fora e pode buscar papéis — e rótulos — sociais que organizem esses sentimentos de diferença e lhes deem um significado.

Quando ouvimos jovens dizerem que nasceram no corpo errado, isso tanto pode ser sinal da impossibilidade humana geral de habitar o próprio corpo quanto de uma convicção a respeito do gênero, além de um efeito de forças sociais. Algumas crianças, aliás, preocupam-se muito com o que *não são* e fazem grandes esforços para se diferenciar dos rótulos e de certos papéis sociais através de atos de rejeição, ainda que possam ter menos certeza de quem ou o que são, de fato. Isso pode gerar um ciclo de gravitação para longe e para perto dos rótulos, especialmente dos que parecem afastar a gravitação mediante o nome.

Negociar forças sociais nesse contexto está longe de ser uma tarefa simples. Desde o fim da década de 1960, uma forma privilegiada de uma pessoa identificada como não cis fazer-se ouvir era dizer algo como "Sempre me senti X" ou "Eu sempre soube que era Y", e, embora haja muitas pessoas, é claro, que tiveram essa experiência, para outras trata-se de uma linguagem necessária para obter acesso a reconhecimento e serviços. Como assinala o ativista trans Miquel Missé, essas visões aparentemente monolíticas podem ocultar relações mais sutis e complexas com o gênero, o que a pessoa talvez ache ainda mais difícil articular numa sociedade que efetivamente quer que todos saibam quem são, categoricamente.[126] Não há muito espaço — se é que existe algum — para se explorar o que está entre uma afirmação superficial de certeza a respeito do gênero e o que pode ser uma ambiguidade mais profunda.

É significativo que, ao terminarem seu enorme estudo das concepções infantis da sexualidade, Ronald e Juliette Goldman tenham constatado que a pergunta que mais causou perplexidade entre os pequenos não era "De onde vêm os bebês?" ou "O que é sexo?", e sim "Como se decide se a pessoa é menino ou menina?". Esse dilema esteve totalmente ausente do radar de Freud e, em geral, não aparece nos estudos psicanalíticos das teorias sexuais infantis. No entanto, os Goldman concluíram que esse era o problema mais misterioso e insolúvel, o que, por sua vez, deve surtir efeitos no modo como, mais tarde, as crianças se posicionam em termos de rótulos de gênero.[127]

Ao escrever sobre a questão do gênero, pouco depois da Segunda Guerra Mundial e na esteira do resultado da pesquisa da revista *Fortune* mostrando que 3,3% dos homens norte-americanos prefeririam renascer como mulheres, Margaret Mead afirmou que as rejeições e frustrações inevitáveis da vida de todas as crianças deviam, em algum momento, ligar-se à expectativa de gênero dos pais. Quer houvesse uma convicção generalizada de que "Fui um acidente de percurso" ou de "Não fui desejado/a", quer houvesse sentimentos mais sutis de haver decepcionado um dos pais de alguma forma, isso podia fundir-se com a ideia de que "Eu não era do sexo que eles queriam". Nem todas as crianças, observou Mead, têm a segurança da menina que, ao saber que a mãe tinha desejado gêmeos, disse: "Ah, eu queria ser gêmeos, mas não pude ser gêmeos, então encomendei só eu".

Em termos da questão da sexualidade, porém, há um hiato — hoje amplamente reconhecido — entre a identidade sexual e a prática sexual. A questão de quem somos — o rótulo de gênero — pode prometer dizer-nos o que devemos fazer e sentir no encontro sexual, e com quem, mas aqui os roteiros talvez fiquem aquém disso, ou abdiquem explicitamente da responsabilidade. Entretanto, quando ocorrem, essas separações entre a identidade sexual e a orientação sexual raramente são herméticas, e as pessoas ficam com expectativas, perguntas não respondidas, dilemas e medos, à medida que as perguntas "Quem sou eu?" e "O que devo fazer?" brigam entre si e não coalescem. Muitas vezes, onde elas efetivamente convergem é quando imaginamos a sexualidade dos outros, e não a nossa.[128]

Em termos de prática sexual, é muito marcante que os homens heterossexuais do Ocidente tendam a imaginar que a atividade preferencial dos gays é o coito anal, quando ele é estatisticamente menos frequente do que outras formas de intimidade sexual, como a felação e a masturbação mútua (embora, é óbvio, isso varie muito em termos geográficos e históricos). Da mesma forma, os homens heterossexuais tendem a achar que é costume as lésbicas introduzirem objetos na vagina uma da outra, quando, mais uma vez, isso é menos comum do que a estimulação vulvar.

Calculou-se que, para cada representação da cópula entre um homem e uma mulher na arte erótica europeia até meados do século xx havia uma representação de duas mulheres tendo relações sexuais, e, como assinalou Lord Kennet, a frequência absurda com que escritores e pintores varões retratam mulheres usando dildos uma com a outra é uma tentativa desesperada de convencer a todos da importância do falo, e de provar que as mulheres desejam tal como os homens. As pessoas que realmente introduzem coisas em si mesmas são os garotinhos, que com tanta frequência experimentam, quando crianças, inserir no reto frutas, legumes e objetos do banheiro.[129]

A questão fundamental aqui é se essas crenças e práticas envolvem uma atribuição de penetração homem-mulher a todas as partes — donde se presume que o que os casais do mesmo sexo fazem juntos é igualzinho ao que fazem os homens e mulheres heterossexuais — ou, ao contrário, se até a ideia de penetração homem-mulher é uma representação codificada da penetração homem-homem. A primeira dessas interpretações foi muito disseminada, em certa época, em muitas áreas do movimento feminista, que rotulava os casais sapatão-mocinha como réplicas impalatáveis dos estereótipos de gênero homem-mulher.[130] Mas, na realidade, esses estereótipos heterossexuais podem já incluir defesas contra a ameaça da penetração masculina. Podemos pensar aqui nas muitas histórias e quadrinhas, onipresentes na cultura popular desde o começo da era moderna, nas quais um homem penetrando a mulher de alguém é surpreendido por trás pelo marido, que por sua vez o penetra, sendo isso racionalizado ou como um castigo ou como uma escalada do prazer.[131]

Em um mito do Lesu sobre a origem do coito, um curandeiro posiciona o parceiro masculino do casal original e, em seguida, introduz em seu ânus uma raiz em brasa, o que o impele a penetrar a parceira. Aqui, o coito heterossexual baseia-se no ato sexual homem-homem, e, como vimos, muitas vezes o desejo de penetrar pode ser um tratamento da mistura de angústias e desejos em torno do ser penetrado. Também poderíamos entender esses atos como uma versão dos rituais de iniciação que discutimos antes, nos quais a potência de um homem depende de algum tipo de dádiva fálica de outro, mas ainda vale a pena considerar se, na verdade, essas duas explicações são a mesma — se o medo de ser penetrado e a ideia da iniciação na masculinidade são dois lados da mesma moeda, com o pênis sempre exigindo a introdução de uma contribuição do homem mais velho, ainda que a ideia de "introdução" possa ser assustadora, se interpretada num sentido corporal literal. Curiosamente, a partir dos anos 1950 os experimentos em psicologia que almejavam medir a angústia muitas vezes mostravam aos sujeitos filmes sobre a incisão ritualística do pênis, como se o que era norma numa cultura fosse a medida do terror em outra.

Aqui a angústia pode ser deslocada do pênis, como se a vagina em si fosse uma estrutura mais apavorante. Voltemos a tomar como exemplo os filmes da série *Alien*. Nessa franquia de enorme sucesso, os maxilares da criatura icônica projetam-se da cabeça para fora a fim de devorar sua presa, imagem que é quase sempre interpretada como feminina: o sexo feminino, a mãe devoradora etc. Mas será que a coisa mais óbvia nessa imagem não é sua homologia com a glande peniana, quando o prepúcio se retrai da cabeça? A mecânica desse processo pode ser incrivelmente perturbadora para os meninos, assim como as muitas preocupações a respeito de alguma coisa dar errado, desde uma infecção até a calcificação ou a lesão. É famosa a fuga de John Ruskin na noite de núpcias, quando ele sai correndo do quarto ao ver o sexo da noiva, o que lhe foi insuportável, mas a imagem da coroa, da glande e do prepúcio pode ser igualmente inquietante.

A remoção do prepúcio, muito disseminada globalmente e sancionada pelas grandes religiões, talvez reduza esse pavor, além de ter outras duas funções importantes. Historicamente, ela encarna o sacrifício, quando uma parte do corpo é doada para garantir a benevolência de Deus ou, pelo menos, um refúgio temporário contra a ira divina. O pênis — ou parte dele — é sempre circuncidado *para* outra pessoa nas narrativas religiosas. Os falos de pedra que adornavam os perímetros das residências na Grécia clássica estavam ali menos para afugentar os ladrões pelo susto do que como símbolos de pacificação, oferendas para persuadir os deuses, e é interessante ver isso como uma característica fundamental do falo.

Quando pesados falos de pedra foram encontrados nas mochilas de soldados da Primeira Guerra Mundial, causou curiosidade ver que objetos tão desajeitados tivessem sido transportados com toda diligência, em condições perigosas.[132] Estariam eles ali por brincadeira — "só para dar risada", de acordo com um soldado ferido — ou como instrumentos para perpetrar violência contra mulheres capturadas, ou para uso homoerótico? Nenhuma dessas explicações pareceu plausível na época, mas, sejam quais forem as racionalizações passíveis de serem evocadas aqui, a função deles como talismãs parece provável, especialmente dado o contexto sacrificial mais amplo da guerra de trincheiras, na qual rapazes são despachados para a morte quase certa por homens mais velhos. Talvez o falo esteja ali para repelir o destino.

Embora ainda existam cultos de adoradores do falo — recentemente, conheci uma que me explicou, sem nenhuma ironia, sua adoração ritualística do pênis masculino —, o falo é menos aquilo *para o qual* fazemos sacrifícios do que aquilo que usamos *para* sacrificar. Portanto, está sempre ligado a outro agente, externo e mais poderoso, quer o vejamos como uma divindade, quer como uma força impessoal, a exemplo da sorte ou do destino. Se o falo foi às vezes identificado com um símbolo de poder, por trás disso há seu estatuto mais fundamental como sinal de uma falta de poder.

A segunda função da circuncisão é regular a inveja sexual na família. Um pai descreveu que, no momento da circuncisão do filho, por fim entendeu o que era realmente esse estranho ritual: significava que ele nunca teria que se sentir ameaçado pelo filho. O corte do pênis garantia que não aconteceria nada de mal, que o filho tinha sido ferido de uma vez por todas, e essa dimensão dialética fica clara no modo pelo qual, em algumas culturas, o pai não pode ter relações sexuais com a mãe enquanto a ferida do filho não cicatrizar.[133] Nas anedotas, aliás, como observou Legman, a castração é sempre representada como um castigo por vingança.

O campo da inveja sexual é esplendidamente descrito na história contada sobre Sir Walter Raleigh e seu filho, em geral censurada nas edições das *Brief Lives* de John Aubrey. O filho está sentado ao lado do pai num banquete e lhe conta que, naquele dia, procurara "uma prostituta. Estava muito ávido dela, beijei-a, abracei-a e tratei de possuí-la, mas ela me rechaçou com um empurrão e jurou que eu não devia fazê-lo, 'pois vosso pai deitou-se comigo há apenas uma hora'". Ao ouvir isso, Sir Walter, "constrangido perante tão nobre mesa", golpeou violentamente o filho, que, optando por não retribuir diretamente o golpe, atingiu a pessoa sentada do seu outro lado, dizendo: "Passe adiante: logo chegará a meu pai!".[134]

Ali onde a psicanálise havia enfatizado inicialmente a hostilidade do filho em relação ao pai, nos famosos desejos parricidas do complexo de Édipo, ficou clara, mais tarde, a ambivalência do pai em relação ao filho. Aliás, os sentimentos negativos a respeito do filho varão mal chegam a ser omitidos nos muitos manuais sobre a criação de filhos direcionados a um pai publicados no fim do século XIX e início do século XX e descritos como "hostilidade absolutamente franca". Se a circuncisão é, em parte, um modo de cuidar disso, podemos indagar quais seriam os efeitos psicológicos e sociais da "reconstrução do prepúcio" — a operação comum, na Antiguidade e além dela, para desfazer os efeitos da circuncisão, com uma literatura clássica substancial sobre as variedades e técnicas disponíveis.[135]

Na verdade, a simples remoção do prepúcio deixava a coroa coberta pela borda vestigial da membrana prepucial, que acabava por se retrair e revelar uma cicatriz angular, que podia sofrer uma incisão para que a reconstrução fosse feita. A circuncisão talmúdica, no entanto, almejava excluir essa possibilidade, mediante a remoção do frênulo, a faixa de tecido que contrai o prepúcio sobre a glande, o que descobria a coroa e formava uma cicatriz grossa, impossível de fazer desaparecer. Ainda hoje, cada novo papa tem que ser examinado, para se ter certeza de que sua pele não foi "reconstruída" e para haver uma demonstração definitiva de que ele não foi circuncidado.

Essas perspectivas históricas e psicológicas sugerem que o pênis está longe de ser uma arma, e sim algo ameaçado e certamente vulnerável. Sua transformação em arma, portanto, assume uma qualidade defensiva, como se o próprio instrumento passível de ataque fosse usado para atacar. As agressões sexuais em tempos de guerra envolvem com frequência não apenas o estupro, a violação e o assassinato de meninas e mulheres, mas a inserção póstuma na vagina de algum objeto semelhante ao pênis: uma garrafa ou um pedaço de pau. O aspecto fálico dessa agressão tem que ser enfatizado aqui, como se o próprio pênis não bastasse para isso; e, em geral, os participantes das agressões em bando ou coletivas têm que se masturbar para manter a ereção.

Muitos estudos da excitação e da ereção constataram, com efeito, que o medo da agressão se correlaciona mais de perto com a excitação sexual do que o próprio agredir. Em geral, esses estudos envolveram a exibição de um filme pornô a um grupo de homens, depois de expô-los a imagens terríveis de mutilação corporal; mas a gama dos "estímulos" escolhidos não parava por aí. Num dos estudos mais absurdos, sujeitos masculinos foram instruídos a atravessar duas pontes no Canadá: a primeira, uma estrutura sólida e bem construída; a segunda, uma ponte suspensa estreita e instável. Enquanto faziam a travessia, ia a seu encontro uma estudante — categorizada como convencionalmente "atraente" — que lhes pedia para preencher um questionário. Em seguida, ela dava a cada homem seu número de telefone, oferecendo-se para explicar o projeto com mais detalhes. Os pesquisadores constataram que o número de homens que tinham atravessado a ponte assustadora e ligaram para ela foi muito maior que o de homens que haviam atravessado a estrutura sólida e telefonaram.[136]

A conclusão foi de que o medo pode contribuir para a excitação, mas é presumível que o simbolismo das pontes tenha escapado aos experimentadores: uma sólida e orgulhosamente sustentada, a outra correndo o risco de despencar. Isso nos diz mais sobre os pesquisadores do que sobre os sujeitos do experimento, e talvez não seja surpresa que a subjetividade da estudante também tenha sido totalmente removida dos dados experimentais: afinal, o que ela teria sentido, parada numa ponte precária e apavorante, tendo que falar com um grupo de homens desconhecidos, e de que modo seus sentimentos terão sido expressados — subliminarmente ou não — para os sujeitos masculinos?

Os debates acerca da felação são esclarecedores nesse ponto, já que, no mundo clássico, era uma questão filosófica muito séria determinar como devia portar-se o homem que recebia o boquete, uma vez que ele era implicitamente interpretado como um ponto de vulnerabilidade. Devia ele ficar imóvel? Usar as mãos? Era permitido falar? A felação era distinguida da irrumação, na qual o praticante da felação era passivo e o homem que a recebia movia vigorosamente o pênis para dentro e para fora da boca da outra pessoa, num movimento de coito. Na felação como tal, o homem que a recebia permanecia mais ou menos parado e não movimentava o pênis, enquanto o executor da felação era ativo.[137]

Imagine se os atuais cursos de filosofia reintroduzissem isso, movidos não apenas pelo pedigree histórico do assunto, mas também pela quantidade de brigas provocadas nos casais pela insistência masculina na felação, e pelo fato de que recebê-la está no topo das listas de exigências da fantasia masculina. Essa também é a prática sexual preferida entre os homens que frequentam prostitutas (juntamente com a conversa), e sempre marca muito mais pontos do que o sexo por penetração. A antiga explicação da predileção masculina realmente extraordinária pelo boquete era que ele permitia que se evitasse o sexo da mulher, pois se acreditava inconscientemente que a vagina tinha dentes capazes de cortar o pênis do homem: a famosa *vagina dentata*. Mas isso é desmentido pelo fato de que, na felação, o pênis é colocado na única parte do corpo da mulher que efetivamente tem dentes. Essa técnica é preferida por muitos profissionais do sexo, pois torna o encontro sexual significativamente mais curto e envolve menor exposição do resto do corpo. Então, por que é tão popular entre os homens?

Afirmou-se até que os presidentes Félix Faure e F. D. Roosevelt morreram recebendo um boquete ("posando para um retrato"), e ela é descrita a sério como o auge do prazer sexual masculino. Outra explicação analítica tomou como ponto de partida o vocabulário da felação, que é frequentemente descrita como chupar o pênis, quando os atos físicos reais não costumam envolver a sucção, que poderia conduzir a lesões. Os muitos meninos que experimentam praticar a autofelação descobrem isso com frequência, para sua surpresa e incômodo, ao confundirem a sucção com a fricção bucal. O que sugamos quando bebês são, é claro, os seios, e por isso pareceu a alguns psicanalistas que boquetes envolvam uma equiparação do pênis ao mamilo. Assim como um dia dependemos do leite que fluía de um mamilo ou de uma teta, os homens invertem isso, tornando-se, eles mesmos, os provedores de um líquido corporal esbranquiçado. Em outras palavras, nós nos tornamos os agentes ativos do próprio processo com que um dia mantivemos uma relação passiva de escravização. Irrumação, aliás, vem do latim *irrumare*, dar para sucção, tal como a mãe oferece o mamilo ao filho lactente.

Podemos observar aqui que é comum os meninos adolescentes heterossexuais descreverem seus primeiros contatos sexuais como proezas em que eles "tiram tudo o que podem" de uma garota, como se ela fosse um seio a ser esvaziado. Quando ela não cede, é castigada, mas também é castigada quando cede — lembra-se do mergulho das bruxas? —,* na humilhação das putas que é tão difundida em grupos sociais masculinos e femininos. Levada a seu extremo lógico, a relação oral se inverte, de modo que no boquete, num dado nível, os homens se transformam naquilo que um dia exerceu poder sobre eles, e, em outro, pode-se afirmar que há aí um componente de vingança, e não simples dominação: "posso lhe dar leite e depois largar você". Karen Horney achava que a vingança devia ser o fator mais importante da vida psíquica — uma observação notável, dada a sua ausência quase completa da teoria analítica. Levando essa ideia até o fim, seria possível sugerir que, se na felação o pênis inverte uma relação de poder, o mesmo faz o ato sexual da penetração: assim como todos saímos à força de um corpo, ao nascer, agora empurramos à força nosso reingresso. O coito, nesse sentido, envolveria um ato de vingança e esclareceria as fantasias masculinas e femininas de autointrodução no corpo de outra pessoa.

Assim, o enfiar violento que muitos homens veem como a dinâmica central do ato sexual torna-se uma inversão da expul-

---

* Nesse suplício, a vítima era posta numa cadeira e mergulhada na água de um rio ou lago. Dizia-se que, se boiasse, era bruxa, e seria certamente condenada. Se afundasse, não era bruxa... mas estaria igualmente morta. (N. T.)

são que permitiu seu próprio nascimento.[138] E, em combinação com isso, há na violência uma vingança por todas as injustiças que a mãe um dia cometeu e por todo o poder que ela um dia exerceu sobre o filho. Para o homem, portanto, o sexo seria uma espécie de milagre! Ele consegue ao mesmo tempo transformar-se na mãe e vingar-se dela. O que mais poderia querer?

Essa convergência do tornar-se a mãe e vingar-se dela pode lançar luz sobre a popular prática da ejaculação masculina no rosto de uma mulher. A prática foi famosamente propagandeada pelo rapper Stormzy, que em "Vossi Bop" se gaba de concluir assim um ato sexual, e o fato de esse rap ter sido amplamente tocado nas rádios britânicas — assim como o lamentável tratamento dado pelos Rolling Stones à violência sexual em "Midnight Rambler" —,[139] e até indicado para uma premiação, atesta a estranha prática de dois pesos e duas medidas que funciona em nossa cultura: o que condenamos num nível adulamos em outro, sob o disfarce da arte.[140]

A verdadeira pergunta aqui, é claro, é por que tantos homens heterossexuais fazem isso com as mulheres, ao passo que o fenômeno é muito mais raro nos encontros ou nos relacionamentos entre gays. Um homem faz isso com uma mulher, mas, ao que parece, um homem gay sente-se menos compelido a fazê-lo com outro homem (embora a urina de um homem em outro esteja longe de ser uma raridade). Aqui, a diferenciação de gênero sugere que, além da flagrante humilhação — o que Gayle Rubin chama de "injustiça erótica" —,[141] há aí um lembrete para a mulher de que o homem também tem um líquido branco e de que é ele quem controla, entrega e retém esse líquido.¹⁴² A risada encantada e involuntária que os homens às vezes contam ter soltado depois desse ato talvez expresse o sentimento triunfante de vitória.

Neste ponto, é interessante comparar o lugar da ejaculação na prostituição tradicional, masculina e feminina. A prostituta costuma ser paga pela ejaculação do homem, ao passo que o prostituto — até data relativamente recente, em algumas partes do mundo — é pago por sua própria ejaculação. As prostitutas têm ciência do desejo masculino de rebaixá-las com o sêmen — donde siglas famosas como CIF (*cum in face*, porra na cara) ou COB (*cum on body*, porra no corpo), para fazer referência a depósitos não vaginais de sêmen. Ao que eu saiba, não existe sigla para gozar na camisinha... Também na pornografia, o ato do sexo com penetração praticamente nunca é concluído dentro do corpo da mulher, mas apenas quando o homem ejacula sobre ela.¹⁴³ Se seguirmos a equiparação entre sêmen e leite, talvez isso sugira a variedade de posições que uma criança poderia buscar: para ser ela própria a fornecedora, para ter o poder de criar o produto fornecido ou para retê-lo.

Uma garota de programa em análise explicou que, para ela, as ejaculações na cara não eram um problema em si, pois geralmente significavam que ela não era obrigada a engolir o sêmen masculino, e que o verdadeiro perigo era o homem "vencer". Quando lhe perguntei o que queria dizer com isso, ela afirmou que, se o homem acertasse o sêmen em seu olho, isso significava que ele tinha vencido, expressão que, através de uma cadeia de associações, levava à ideia de fecundação pelo olho. Era um absurdo irracional, ela admitiu, mas, apesar disso, estava poderosamente presente em sua cabeça toda vez que um cliente lhe propunha uma ejaculação facial: o sêmen poderia entrar pela abertura ocular e plantar uma semente dentro dela.

Curiosamente, a própria ideia de vencer está ligada, em muitas sociedades, a uma exibição ejaculatória. Pense no que acontece depois das corridas de Fórmula 1. O piloto vencedor sacode uma garrafa gigante de champanhe e a esguicha em sua equipe. O simbolismo disso talvez seja evidente, mas suponho que a questão é saber se o grupo está sendo banhado com urina ou com esperma. Poderíamos comparar isso à quebra da garrafa de champanhe quando um navio é lançado: no gesto, invariavelmente feminino, o navio é "inaugurado" com um simbolismo óbvio de rompimento do hímen.

Sem querer afetar o mercado de champanhe de modo positivo ou negativo, vale a pena mencionar aqui a genealogia do refinado ato erótico de beber champanhe num sapato de mulher. Visto às vezes como o clímax de uma farra elegante, ele deriva da prática elizabetana ocasional de beber do urinol de uma dama cortejada. Quando Hamlet sonda a extensão do amor de Laerte por sua irmã perguntando-lhe "Beberás dos vasos?", na versão do Primeiro Quarto, é isso que ele quer dizer, e a bebida passaria da urina para a água do banho e, por fim, para o champanhe, no século XIX.[144]

Quando muito pequenos, meninos e meninas podem tentar receber na boca um jato urinário do pai quando ele faz xixi, e, mais tarde, é comum os meninos competirem entre si para ver quem consegue urinar mais longe e por mais tempo. Quando eles se tornam aptos a produzir sêmen, isso também passa a ser um objeto de comparação nas traumáticas festas masculinas da adolescência, com suas "rodas de punheta" e "punhetas em série": quem consegue ejacular mais longe? Quem consegue gozar mais depressa? Tempos depois, é claro, a valorização se desloca da pressa para a demora, à medida que os homens se preocupam com suas latências ejaculatórias: por quanto tempo conseguirão transar sem gozar? A continuidade das preocupações com a urina e o sêmen, nesse contexto, mostra a importância do grupo homossocial masculino para o modo como o pênis é valorizado: eles são tanto juízes quanto competidores.

 A ejaculação de um homem no rosto de uma mulher também pode ter uma dimensão homossocial, ligando-o a um grupo de homens que também a praticam, unidos na degradação das mulheres. O outro traço mais óbvio dessa prática sexual é sua faceta exibicionista. O pênis é revelado e exibido, tendo sua potência demonstrada. Presume-se que isso se dá justamente nos momentos em que a pessoa mais se sente ameaçada e vulnerável, o que fica claro quando os atos exibicionistas ocorrem em público. Os chamados exibicionistas enquadram-se em dois grupos: os que exibem o pênis, num momento de grande pressão, a uma espécie de plateia despersonalizada — como os passageiros de um trem em movimento — e os que invadem espaços delimitados para exibir seu pênis a uma única pessoa, com o objetivo de lhe causar angústia.

 Aí se encontram em ação motivações totalmente distintas. No primeiro grupo, a pessoa busca uma sanção, o registro de seu pênis, e não tem nenhum desejo de ferir sua plateia. O requisito de um registro abstrato simbólico reflete-se no fato de que a plateia é despersonalizada: amiúde uma multidão ou uma série de pessoas que não podem ser diferenciadas. No segundo grupo, o exibicionista procura, sim, um efeito específico sobre sua vítima particularíssima, para lhe provocar conflito, angústia, perda da compostura; e depois tais atos podem ser seguidos por atos de violência física. No primeiro grupo, o que importa é o pênis; no segundo, é a vítima. Quando tratam esses dois grupos como equivalentes, os órgãos da lei deixam de reconhecer fatores de risco importantes.

FALEMOS UM POUCO MAIS dos seios e do leite. É curioso que, embora meninos e meninas possam ser amamentados no seio, o valor erótico das mamas e dos mamilos varie tanto. Os antropólogos relatam que, em algumas sociedades, como entre os mangaianos da Polinésia, havia pouco interesse sexual no seio, e a ideia de tocá-lo ou acariciá-lo com a boca era considerada incompreensível, até a chegada dos meios de comunicação ocidentais.[145] Em outras culturas, em que os seios têm, de fato, uma valência erótica privilegiada, muitas mulheres não sentem um interesse real em deixar seus seios serem manipulados por homens desajeitados, ao passo que outras podem excitar-se intensamente ao ter os seios comprimidos e socados. Para algumas, o valor sexual do seio é função direta da excitação do parceiro, o que mostra que o que cria uma zona erógena pode depender do modo como outra pessoa a percebe.

As mulheres queixam-se com frequência da insensibilidade dos homens nessa matéria, sem dúvida intuindo a violência na ação de afagar, como se um tipo sutil de vingança estivesse em ação no corpo da mulher. O seio que um dia exerceu poder sobre o homem é castigado: é hora do revide. Chega de dependência. A longuíssima história das mutilações e extirpações dos seios de moças e mulheres nas guerras, em território "inimigo", que se estendem desde a era clássica até hoje, mostra essa vingança em sua forma mais extrema, porém os lemas da violência são culturalmente onipresentes.

Ler a íntegra dos quatro volumes da história dos seios escrita por Gustave Witkowski é uma experiência triste e perturbadora, uma vez que, em muitos sentidos, trata-se apenas de um catálogo de atos de violência contra as mulheres, sejam eles explícitos ou disfarçados.[146] Os peãs em louvor dessa parte do corpo feminino, escritos no gênero poético renascentista dos brasões, encontram sua contrapartida nas invectivas dos contrabrasões, nos quais cada afirmação positiva é combinada com um insulto, e os temas da posse e da hostilidade estão em toda parte.[147] Na descrição feita por Jack Litewka do roteiro sexual de sua geração, "começa-se por atacar a carne do seio" antes de prosseguir para "o ouro do arco-íris — o ataque ao mamilo".[148] A linguagem é bastante inequívoca, e também poderíamos pensar aqui na antiga moeda corrente pornográfica dos pacotes de celofane com fotos que simplesmente retratavam o ato de amassar os seios.

Mas, além da manipulação dolorosa, os homens também têm outro propósito importante quando tocam e acariciam com a boca um mamilo: torná-lo ereto. Aliás, a cultura ocidental do pós-guerra passou a valorizar os seios que apontavam para cima como um falo, e chegou até a criar um nome militar para essas invenções: morteiros. Os seios caídos traziam o risco de constranger os homens, e é difícil não ver nisso uma equiparação entre seio, mamilo e pênis, como se o homem se assegurasse não só de que a mulher possuía um tipo de traço fálico como de que ele tinha a capacidade de gerar sua ereção. O que os homens fazem com o mamilo, aliás, muitas vezes é mais excitante para eles do que para as mulheres.

Num anúncio recente dos automóveis Mazda, um motorista transporta manequins femininos e obviamente se compraz com o passeio. Ao chegar a seu destino e parar o carro, visivelmente exultante, vemos que agora todos os manequins estão com os mamilos duros. O comercial é uma representação bastante exata de grande parte da sexualidade masculina: o homem prefere dirigir a estar com uma mulher, as mulheres de sua vida são reduzidas a manequins inertes e silenciosos, e a excitação delas é igual à dele, falicamente concebida como uma ereção. A excitação feminina é a excitação masculina.

Esse tipo de equiparação pode esclarecer o mal-estar de muita gente diante da ideia da ejaculação feminina. Se os homens querem que as mulheres gozem exatamente como eles — no esforço de negar a diferença —, certamente a ejaculação delas seria aceitável, e de fato até uns 120 anos atrás ela era uma parte padronizada das descrições pornográficas dos atos sexuais entre homem e mulher. As mulheres emitiriam um fluido tal como os homens. Ovídio havia registrado sua preferência pelo sexo com "meninas", justamente em decorrência da "ejaculação simultânea das duas partes", e a literatura erótica é repleta de referências a "líquidos", "rios", "fontes" e "fluxos" femininos.[149] Tempos depois, no entanto, isso seria patologizado ou simplesmente negado, e as autoridades da medicina afirmariam, mesmo já bem entrado o século xx, que a ejaculação feminina simplesmente não existia. As emissões líquidas seriam explicadas como transpiração excessiva ou incontinência urinária, mas, mesmo quando isso foi refutado, restava aos pesquisadores o problema de saber onde essa quantidade de líquido poderia ficar armazenada, caso se excluísse a bexiga.

Embora a ejaculação feminina seja hoje reconhecida como um fenômeno autêntico, para muitos ela ainda tem uma aura de mistério e tabu, e muitas vezes carrega um sentimento de vergonha, como se de algum modo sujasse o ato sexual, ainda que para outros constitua um bem valioso. Num nível mais inconsciente, ela pode ser ativamente buscada, por confirmar uma paridade de sexualidade de estilo fálico, ou evitada e negada, pela mesma razão: a ideia de que a mulher tem um órgão e uma capacidade ejaculatórios é sentida como angustiante demais. Também pode ser perturbadora, por implicar que a mulher ainda tem um líquido a oferecer, e não apenas o homem, com isso efetivamente cancelando a identificação temporária entre pênis e seio.[150]

Mas essa equiparação de seio e pênis pode funcionar nos dois sentidos. As mulheres podem descrever fantasias — e, às vezes, práticas — de introduzir o seio na vagina de outra mulher, ou de serem elas mesmas penetradas por um seio alongado.[151] A mais famosa evocação disso talvez tenha ocorrido nas cartas apresentadas como provas no julgamento do divórcio de Lord e Lady Cavendish em 1865, nas quais o amante dela escreveu sobre "o medo que sentes de que eu pegue uma mocinha para te violar a boceta com os seios dela", antes de descrever seu próprio pênis intumescido. Aqui, pênis e seio são os órgãos a serem introduzidos, ou com os quais fazer a penetração, e uma das tarefas de toda criança tem que ser a resolução, de algum modo, da questão da relação entre essas duas partes ativas do corpo. Afinal, iniciamos a vida sendo penetrados por uma parte do corpo de outra pessoa, que jorra leite dentro de nós. Logo aprendemos que o pênis jorra urina e, depois, talvez, que ele pode entrar em outro corpo, tal como um dia fez o mamilo.

Com efeito, era bastante comum, nos séculos XVIII e XIX, na Europa, que falos artificiais fossem enchidos com leite morno, e a pornografia da época tece comparações frequentes com o bebê lactente. O líquido devia ser sugado ou recebido internamente tal como o bebê sugava o mamilo, e era liberado no momento apropriado, apertando-se a base do dildo ou através de mecanismos mais complexos de mola. A preparação do leite e do dispositivo para ser usado era descrita como "carregar" o dildo, do mesmo modo como hoje usamos o termo para nossos celulares e laptops. Aqui, pênis e seio são identificados, em vez de separados.

Quando essa equiparação permanece no nível de uma identidade, a sexualidade se mantém oral. Os mecanismos básicos das carícias feitas com a boca estruturam todos os outros processos corporais durante o sexo — incorporar, engolir, ingerir, cuspir — atribuindo-se maior ou menor importância a cada um, conforme cada pessoa. Há muitos anos, os analistas notaram que as ações e propriedades arcaicas da boca podiam ser deslocadas para a vagina, a uretra e a vulva, a fim de criar uma espécie de gramática sexual: abrir e fechar, reter e expelir, ingerir e cuspir podiam reger os órgãos sexuais, tal como faziam com a cavidade oral. Com isso, as muitas formas de sexualidade oral — recusa da alimentação, comilança exagerada etc. — podiam criar seus próprios efeitos no nível genital.[152] Como disse Selma Fraiberg, a sintomatologia oral pode "fornecer o vocabulário para os órgãos genitais". Alguns afirmaram que, de fato, a vagina exigia essa transferência de propriedades para ganhar vida, visto que a sexualidade vital da boca enerva o resto do corpo.[153]

Comer e ser comido/a são experiências conhecidas no sexo, assim como a fome é um dos descritores mais comuns da excitação e do desejo sexuais. Às vezes, existe um desejo de morder e incorporar o corpo da outra pessoa, bem como de efetivamente engoli-lo por inteiro. De início entendido por muitos analistas como um ato de sadismo ou agressão, Freud achava que isso não necessariamente implicava uma intenção hostil, mas podia ser visto apenas como uma forma de amor. Essa observação é ecoada na distinção entre o canibalismo sexual e a "vorarefilia".[154] Hoje existem comunidades na internet dedicadas à exploração da "vore", a fantasia de engolir alguém inteiro ou de ser engolido/a inteiro/a, e é comum haver pedidos de que nas fantasias postadas seja banida a inclusão da mastigação. Alerta de gatilho — mastigação!

Presume-se que isso faria mal à pessoa que é engolida, o que mostra que o amor e a preservação podem ser mais importantes do que a destruição. É interessante notar que, se engolir é um convite primordialmente feito pela boca, também pode ocorrer, nas fantasias de vore, pela vagina, pelo ânus ou pelos seios, o que sugere a ação da gramática oral no resto do corpo. Os temas de gravidez são ubíquos nesse contexto, com pessoas descrevendo seu desejo de serem abrigadas e contidas na barriga do devorador, o que evoca a "teoria sexual" infantil de que o bebê é resultado da ingestão.

Uma analisanda descreveu sua dificuldade de abandonar uma amante que sentia não ser boa para ela mas com quem a dinâmica sexual "era forte demais". A outra mulher literalmente a "devorava", sugando e puxando com a boca todas as partes do seu corpo, como se ela tivesse que ser possuída e consumida numa espécie de "frenesi alimentar". A analisanda ligou isso a seu curioso fascínio pelo filme *Anaconda* — totalmente discordante de seu gosto sofisticado pelo cinema de arte —, no qual os personagens são engolidos inteiros por uma cobra anormalmente grande. Quando ansiosa, ela assistia repetidamente a esse filme, considerando as cenas de ingestão estranhamente reconfortantes. "Minhas amigas veem *Friends* quando estão nervosas, mas eu vejo *Anaconda*", disse.

Talvez não seja de admirar, dadas todas essas associações, que o sexo, assim como a alimentação, possa acabar no sono, embora na verdade as coisas sejam um pouco mais complicadas nesse ponto. É comum supormos que os bebês adormecem depois de mamar, mas, embora às vezes isso seja verdade, é muito frequente haver um intervalo crucial em que a mãe e o bebê brincam um com o outro, com as mãos, as vozes, os olhos e todas as outras possibilidades de interação a seu alcance. Quando o sono se segue de imediato, pesquisadores da infância afirmam que isso não é efeito da saciação e sim se destina a evitar a intensa estimulação sensorial da amamentação no seio ou na mamadeira.[155]

Se aplicássemos esse modelo ao sexo, o sono seria um mecanismo de defesa, o modo de a pessoa se ausentar e talvez evitar a conversa que muita gente acha que deve se seguir ao ato sexual. Lacan chegou até a sugerir que a origem da linguagem humana estaria aí: não nos gritos guturais dos trabalhadores em algum campo ou em caçadores perseguindo uma presa, mas no silêncio constrangido que se segue à ejaculação.[156] "Foi bom para você?"

GAGNON E SIMON ASSINALAM QUE a maioria das pessoas não sabe falar de sexo, nem mesmo com as pessoas com quem transa.[157] Na pornografia, os atores masculinos estão longe de ser falastrões e, em geral, permanecem calados, a menos que seja para insultar a parceira ou cumprimentar um terceiro. Tendemos a associar o declínio na capacidade de falar com um aumento da excitação sexual, de tal sorte que as trocas verbais tornam-se limitadas. Curiosamente, à medida que as cenas sexuais, na ficção e no cinema popular, tornaram-se mais obscenas, a comunicação posterior ao sexo declinou, baixando de cerca de 89% no fim da década de 1950 para 55% no fim dos anos 1970.[158]

Hoje em dia, é famosa a aplicação dessa proporção inversa entre fala e prazer a toda a questão do consentimento, uma vez que os pedidos de consentimento são tidos como redutores da excitação. Devemos apenas gemer, suspirar e expressar excitação, em vez de pedir concordância ou permissão. Hoje há aplicativos e até contratos de consentimento, como se de algum modo isso viesse a resolver o problema, porém a pessoa pode mudar de ideia antes, durante ou depois do sexo, por uma variedade de razões. A primeira cena sexual entre Marianne e Connell em *Normal People* comoveu milhões de leitores — e espectadores do seriado de TV — à medida que o consentimento e a consideração se tornaram parte do "fluxo" do sexo, e não uma interrupção externa. Entretanto, passada essa abertura instrutiva, a questão do consentimento tornou-se muito mais complexa, depois que o interesse de Marianne pela violência e pela dor veio para o primeiro plano.[159]

Embora o consentimento e a violência tendam a ser percebidos como polaridades, o consentimento em si pode ser efeito da violência. No mundo inteiro, a maioria dos adultos que trabalham para manter seu sustento básico não tem exatamente muita alternativa em matéria de consentir em nenhum aspecto de sua vida, e isso inclui também o sexo. As mulheres que vivem relacionamentos violentos relatam baixos níveis de excitação e satisfação sexuais, mas fazem sexo com muito mais frequência do que as que não descrevem abusos físicos. Aqui a norma é a coação, e recusar consentimento claramente não é sentido como uma opção para um enorme número de mulheres mundo afora. De acordo com um estudo, 14% das norte-americanas são obrigadas a fazer sexo contra a vontade, mas esse número se eleva para 40% entre as mulheres que são vítimas de violência.

Em setores abastados da sociedade ocidental, o consentimento é proclamado como uma expressão da ação, mas a ideia largamente divulgada de alguém ser autor da própria vida é predominantemente fantasiosa. A agência em si é moldada pelas condições sociais, e a ideia de autoria de si mesmo que está em voga é um produto reconhecido do capitalismo tardio, no qual as pessoas são obrigadas a ganhar a vida em condições que efetivamente impedem isso. Mas, ainda que ultrapassemos a retórica da autonomia, a maioria de nós diz "Sim" quando preferiria dizer "Não", como mostrou a pandemia com muita clareza: já não era necessário apresentar desculpas para fazer coisas que simplesmente não nos era permitido fazer. O Estado disse "Não" por nós.[160]

Na situação altamente carregada e potencialmente íntima de um encontro sexual, há uma pressão ainda maior para consentirmos coisas que não temos nenhum desejo de fazer, por razões semelhantes. Isso pode significar um "Sim", mas também um "Não", se houver conflito entre aqueles que mais queremos agradar. A atriz Dyan Cannon recorda que sua excitação e desejo intensos de continuar com seus amores eram interrompidos quando ela pensava em sua ligação com os pais. Ela queria dizer "Sim", "mas dizia 'Não' porque era mais importante agradar mamãe e papai".[161]

Quando crianças, aprendemos a associar submissão e concordância com o recebimento de amor: se fizermos o que eles mandarem, nossos pais não retirarão seu amor nem nos rejeitarão. Assim, se você quiser alguém para amar — ou gostar —, é melhor fazer o que mandam. O lado oposto disso é que, se de algum modo lograrmos ir além do desejo de sermos amados e buscarmos apenas aquilo que consideramos prazeroso, correremos o risco de nos transformarmos naquilo que é tão deplorado na cultura: o amante egoísta, que só se interessa pela própria satisfação. Ou, dito de outra maneira, a própria pessoa a quem deveríamos dizer "Não".

É óbvio que existem gradações aqui — e poderíamos introduzir categorias como empatia ou respeito pelo outro —, mas, além delas, é comum existir a incômoda realidade infantil de sentir que só podemos ser aceitos se concordarmos com o juízo e a avaliação que os adultos fazem de nós, e isso cria a situação paradoxal de que, para nos sentirmos amados, precisamos ser desamparados ou sem valor, em algum nível. Muitas dessas questões são tratadas nas práticas de BDSM, mediante o uso de protocolos de concordância e confiança que fornecem estratégias convencionais temporárias para lidarmos com os pedidos e o consentimento, bem como com o desamparo.[162]

É curioso como as práticas de BDSM parecem ser a maneira mais robusta de lidarmos com as questões fundamentais nesse aspecto, como se o que é tido como um conjunto marginal de preferências sexuais devesse, na verdade, ser o "padrão-ouro" das questões de agência. Na hora H, é claro que pode haver violações de limites e violência inesperada no BDSM, mas ele fornece uma bela imagem da prática de submissão a regras àqueles que se inquietam com quais seriam as regras do sexo, ou com saber se realmente existe alguma. A psicanalista Karin Stephen fez uma distinção útil entre aquiescência e consentimento: aquiescemos por medo, mas consentimos quando o medo não é a nossa força motivadora.[163] Assim, alguém pode dizer "Sim" a muitas coisas sexuais pelas quais não tem desejo algum, a fim de se sentir digno de amor e valorizado, e é possível afirmar que essa é uma parte central da maioria das práticas sexuais. Mas, como assinala Amber Hollibaugh, "não se pode realmente dizer 'Sim' enquanto não se sabe que se pode dizer 'Não'".[164]

Pensemos na questão do uso de preservativos. Em algumas culturas, até a sugestão de usar um preservativo é tida como indício de que a pessoa ou seu parceiro estão doentes ou são infiéis, e pode desencadear uma violência real. Em outros contextos, nos quais o abuso físico efetivo é menos provável, quando um parceiro pede o outro pode sentir-se magoado, por não ser tratado com confiança e por ter seu corpo implicitamente visto como doente e sujo. Quando sentimos amor por essa pessoa ou esperamos que ela nos ame, é possível que consintamos em dispensar o preservativo. O amor, nesse caso, envolve fazer o que talvez não se quisesse fazer para agradar a outra pessoa, o que representa, essencialmente, a história da infância da maioria das pessoas. Infelizmente, os terapeutas sabem como são disseminadas as mentiras sobre a saúde sexual. Uma pessoa pode convencer-se sinceramente de que está livre de riscos quando não é esse o caso, ou muito simplesmente mentir, e um triste fato sobre as doenças sexualmente transmissíveis é que a melhor cura para elas continua a ser transmiti-las para outra pessoa.

Essa crença inconsciente pode moldar a conduta sexual, mesmo que depois gere sentimentos de culpa, e decorre daí o conhecido modelo cultural do anel de Tolkien, um objeto que traz desgraça a seus possuidores. Os mitos, os contos populares e os filmes representam essa maneira de tratar a toxicidade pela transmissão: uma praga ou uma possessão demoníaca só podem ser desfeitas quando o objeto enfeitiçado ou o espírito deslocam-se para outra pessoa. A força maligna original não pode ser destruída em si, mas tem que ser deslocada, conforme vemos em inúmeros filmes recentes, como *Verdade ou desafio*, *Corrente do mal*, *Sorria* ou *Arraste-me para o inferno*.

Se agora nos voltarmos para os detalhes das práticas sexuais, veremos que os psicanalistas são muito parecidos com o bêbado de G. K. Chesterton que procura a carteira sob um poste de luz e não onde realmente a perdeu. Quando lhe perguntam por quê, ele explica que é porque ali é o único ponto iluminado. Talvez por nós, analistas, sermos supostamente obcecados com o sexo, tendemos a nos abster de fazer muitas perguntas a esse respeito, o que significa que acabamos perdendo uma abundância de materiais a que outros pesquisadores têm acesso. Como estamos acostumados a ouvir segredos de outras pessoas o dia inteiro, supomos que elas também nos estão dizendo tudo sobre o sexo, o que em geral não acontece.

Quando um/a analisando/a conta que passou por uma situação ruim no trabalho e voltou para casa para se masturbar, não há dúvida de que o analista perguntará o que aconteceu no trabalho e, provavelmente, no que ele/a estava pensando quando se masturbou. Isso pode ser bastante significativo. Mas é muito improvável que perguntemos "E você gozou?", pois isso seria não só uma intromissão, como também traria o risco de se estabelecer uma espécie de padrão pelo qual a pessoa poderia sentir-se avaliada. No entanto, aqueles que realmente fazem esse tipo de pergunta descobrem, por exemplo, que um número enorme de pessoas interrompe a masturbação antes de chegar ao orgasmo. E outra coisa de que os analistas também têm bem pouco conhecimento é que as inúmeras pessoas que usam uma dada fantasia sexual na masturbação e no sexo mudam, de repente, para uma segunda fantasia, em geral muito diferente, quando se aproximam do gozo.

O papel da fantasia na vida sexual é constantemente mal-entendido, como se houvesse uma espécie de escolha entre a fantasia e o sexo: confiaríamos em nossa imaginação ao sermos incapazes de efetivamente ter relações sexuais com outra pessoa. Mas analistas e pesquisadores mostraram que a fantasia menos constitui uma alternativa do que uma condição: a maioria das pessoas precisa de uma fantasia para se excitar ou para manter a excitação. E aprendemos a usar a fantasia desde muito cedo na vida, ao coordenarmos nossos devaneios com a manipulação do corpo. Afinal, é um feito e tanto fazer com que o momento significativo numa história que imaginamos coincida com um orgasmo. Isso requer um conjunto muito complexo de habilidades cognitivas e físicas, e já foi até descrito como um marco no desenvolvimento sensório-motor, como aprender a escrever ou a amarrar o cadarço dos sapatos.

Conforme aprendemos a construir e usar histórias masturbatórias, também aprendemos a nos identificar com personagens, a ser outras pessoas — o que diríamos ser algo de que precisamos para interpretar e manter relações com o mundo, de modo mais geral. A fantasia é um processo profundamente simbólico, e a maneira pela qual ela permite que sejamos outras pessoas e troquemos de identidade é central para a experiência sexual. Durante o sexo, homens e mulheres imaginam constantemente que eles ou seus parceiros são outras pessoas, e as fantasias mais comumente relatadas envolvem trocas de identidade. Daí a velha piada em que um casal está na cama e um se vira para o outro e diz: "E se a gente...?", recebendo a resposta: "Desculpe, estou cansado demais para pensar em alguém".

Ao nos concentrarmos aqui na necessidade de variedade ou mudança como explicação, negligenciamos o lado efetivamente simbólico do processo, o fato de transformarmos uma pessoa em outra. Como conseguimos fazê-lo? E — pergunta crucial — será que fazemos isso em alguma outra situação que não o sexo? Quando estamos tendo algum tipo de desentendimento ou discussão com nosso chefe no trabalho, por acaso imaginamos que ele é outra pessoa? Podemos aprender a nos tornar outras pessoas nas histórias, mas isso também significa que aprendemos a transformar uma pessoa em outra? E até que ponto esses processos funcionam inconscientemente, fora de nosso saber consciente?

A ironia, aqui, é que muitas vezes o sexo é tido como o momento mais íntimo compartilhado pelos seres humanos, um momento de verdadeira ligação, mas ele é, na verdade, o momento em que cada parceiro tem a maior probabilidade de imaginar que o outro é outra pessoa. Enquanto eles se beijam ou penetram o corpo um do outro, cada um pode estar imaginando que beija ou penetra o corpo de outro alguém. O momento da ligação é, ao mesmo tempo, um momento de desconexão.

Talvez isso pareça surpreendente, mas, dadas as primeiras angústias e medos que temos em relação às fronteiras corporais e ao excesso de proximidade, faz sentido que ao ficarmos tão perto de outro corpo estejamos sempre em algum outro lugar. Esse é também quase um requisito no processo masturbatório. Quando as crianças e adolescentes aprendem a se masturbar, eles ganham, essencialmente, a habilidade de seguir um processo mental simbólico, enquanto bloqueiam a consciência de estarem tocando nos órgãos genitais. Se tivessem consciência das duas coisas ao mesmo tempo, a atividade ficaria comprometida. Nos meninos, o fato de a masturbação terminar na ejaculação fornece o modelo do ato sexual, que para eles também termina em orgasmos (a menos que eles recebam instruções diferentes de seus parceiros). Temos aí, mais uma vez, a ironia de que a conexão física é possibilitada por uma desconexão.

O sexo envolve um número inacreditável de proezas de atenção seletiva: ignoramos alguns sons e odores e nos concentramos em outros; experimentamos certas sensações corporais e bloqueamos aquelas que precisamos evitar, deslocando rapidamente nossa atenção para várias coisas.[165] Quem tem consciência, por exemplo, de ter um espasmo do esfíncter anal, uma comichão repentina no peito ou uma crispação dos dedos dos pés no momento do orgasmo? A gravura erótica *Cama à francesa*, de Rembrandt, oferece uma bela metáfora dessa omissão: um casal jovem tem relações sexuais numa cama com um enorme cortinado. Os espectadores podem olhar repetidamente para ela sem notar o que há de mais óbvio ali: a moça tem três braços. Dado o meticuloso cuidado do pintor com suas placas — ele chegava a polir partes de outros trabalhos com as quais não estava satisfeito —, é possível que ele tenha pretendido que essa gravura fosse, precisamente, um comentário sobre como o sexual afeta nossa percepção.[166]

Contrariando a ideia popular de que, na fantasia, mas não no sexo, podemos recortar e colar, quase todos os estudos de processos cognitivos durante o sexo descobriram padrões complexos — precisamente — de recortar e colar. Como disse um dos pacientes de Edrita Fried, "a realidade do ato sexual não é agradável. A fantasia é melhor. Na fantasia, eu decido como as coisas acontecem", mas a fantasia está bem ali, no próprio ato sexual.[167] Nós nos sintonizamos e saímos de sintonia, e as próprias sensações que experimentamos dificilmente fluem uma para a outra — como gostaríamos de acreditar —, mas muitas vezes entram em conflito e se chocam. Para Judith Kestenberg, a excitabilidade do clitóris, da uretra, das partes superior e inferior da vagina, dos grandes e pequenos lábios e do introito é de ordem totalmente diversa, e essa própria natureza multifocal da excitação feminina pode ser assustadora.

Como diz Ruth Herschberger, fazer sexo inclui ao mesmo tempo participar de uma corrida e trabalhar com geometria, pois "a paixão, a preocupação e a imperturbabilidade" ocorrem simultaneamente.[168] Para ela, o sexo é uma combinação dinâmica de muitos tipos diferentes de experiências, ligados a múltiplas fontes. Em vez de serem abertos a todas as formas de estímulos sensoriais, como as imagens populares do sexo gostam de sugerir, os estados de estimulação e excitação durante o sexo podem bloquear uns aos outros, da mesma forma como, na vida cotidiana, criamos estados de excitação como o excesso de trabalho, o abuso de nicotina ou a embriaguez para bloquear outros, como a tristeza ou a vulnerabilidade. Usamos sentimentos para controlar sentimentos.[169]

Isso se complica ainda mais pelo fato de podermos estar em inúmeros lugares ao mesmo tempo. De acordo com o velho adágio, há sempre quatro pessoas presentes durante a relação sexual: os dois parceiros e os amantes em quem eles pensam naquela hora. Com a psicanálise, os quatro tornam-se pelo menos oito: os dois parceiros, cada um com uma clivagem bissexual dentro de si, de acordo com Freud, mais os dois pares de pais.[170] Se acrescentarmos os amantes em quem eles pensam, teremos dez. E, caso se trate de sexo a três ou de uma orgia, precisaremos da ajuda de um matemático. Isso pode parecer piada, mas há de fato problemas matemáticos reais aqui, que geraram muita discussão e debate: dado o número limitado de aberturas no corpo humano, como é possível organizar as chamadas correntes eróticas? As orgias que envolvem mais do que certo número ímpar de participantes de forma permutativa têm que incluir atos orogenitais, e isso se torna ainda mais complexo quando levamos em conta as preferências pessoais e as orientações sexuais.[171]

Mesmo que haja apenas duas pessoas fisicamente presentes, cada momento de um encontro sexual pode ser regido por uma identificação com o outro participante, como se a pessoa olhasse através dos olhos dele. É muito frequente, durante a relação sexual, as pessoas imaginarem que há alguém observando — muitas vezes sendo esse olhar externo materializado sob a forma de um espelho —, mas esse observador pode trocar rapidamente de lugar com a própria pessoa. Um braço, um pé ou o próprio sexo pode mudar de posição, quando sentimos que a outra pessoa pode achá-los pouco atraentes, como se estivéssemos tanto no lugar dela quanto no nosso e julgando através de seus olhos. Nesse caso, podemos fazer outra coisa com nosso corpo ou com o dela, para desviar a atenção da parte com que nos sentimos constrangidos.

À medida que o corpo muda e envelhece, pode haver ainda mais pressão para esconder, camuflar ou distrair, mas, ao explorarmos a psicologia dessas situações, quase sempre constatamos que os olhos pelos quais vemos nosso corpo são, em última análise, os de outra pessoa: em geral, um genitor ou genitora cujo olhar internalizamos como nosso. Quando julgamos feia ou sem atrativos uma parte do corpo, essa avaliação carrega a sombra de um olhar negativo de um dos pais: um comentário mordaz, diretamente dirigido a nós ou entreouvido, ou até o esforço indisfarçado de um dos pais para mudar a parte em questão. Infelizmente, distrair a atenção desses aspectos do corpo durante o sexo não é capaz de distraí-la do peso desse olhar parental negativo.

Esses pequenos desvios da atenção estão em toda parte durante o sexo e podem envolver muito mais do que a percepção visual e tátil do corpo. A vontade de urinar é outro exemplo de como um processo físico pode funcionar para desviar a atenção de outros estados corporais e psíquicos. Em algumas culturas, urinar durante o sexo é considerado uma parte roteirizada da excitação feminina. Numa população da Micronésia, o coito só pode ocorrer, ao que parece, se a mulher tiver urinado durante as carícias preliminares. Em outras sociedades em que isso é mais ou menos proibido, algumas mulheres têm muito medo de que a urina aconteça, e há temores de sujar as roupas ou a roupa de cama e repelir o parceiro. Entretanto, a vontade de urinar pode tornar-se necessária para eclipsar ou desviar a atenção de outros estados internos, para lidar com excitações crescentes e avassaladoras, e até com o arcaico medo de explodir, tantas vezes evocado quando as mulheres descrevem o orgasmo. A exploração feminina da uretra é bastante comum na infância, de fato, e a masturbação uretral foi estimada em torno de 10%, comparada a 20% de masturbação vaginal e 20% através da pressão das coxas.[172]

Muitas práticas sexuais são afetadas pelo medo infantil de estourar ou por sua contrapartida, o pavor do esvaziamento. Estes podem assumir a forma de imagens de ser inflado/a com alguma substância — o que supostamente provém da experiência da amamentação e das ideias infantis do que os pais fazem um com o outro — ou de ser esvaziado/a de tudo, o que se liga ao pavor de que o seio seque ou de que as vísceras sejam perdidas. Esses temores sombrios podem se tornar bastante explícitos nos sonhos ou, mais raramente, nos crimes sexuais, mas são legíveis na maioria das demandas cotidianas de *mais* sexo, como se a intimidade corporal fosse algo literalmente passível de se esgotar. *Fill me up* [Encha-me todo/a] é, de fato, uma rubrica muito clicada no Pornhub.[173]

A própria excitação pode ser assustadora, quando a pessoa a associa a esses medos, e pode moldar aspectos sutis da prática sexual — o modo de o indivíduo se mover ou tocar o outro — ou causar a evitação completa do sexo. Os pesquisadores constataram que a atenção se desloca rapidamente de um ponto para outro durante a relação sexual, desviando-se do corpo da própria pessoa para o da outra, para a fantasia e para outros processos mentais, ou até para números. Algumas pessoas, enquanto se fingem perdidas no gozo, na verdade fazem contas mentais em silêncio. As sensações vividas como erradas, ou extremas demais, ou repulsivas, precisam ser rapidamente tratadas, e por isso fechamos alguns níveis de consciência e aumentamos outros.

O medo de estourar e de perder as próprias entranhas pode significar que o orgasmo é cuidadosamente posto de lado, e o medo de ser esvaziado/a é comumente visto na ideia de ser traído/a que emerge em torno dos contatos sexuais. Pode haver a ideia irritante de que de fato se foi roubado/a, mesmo que a pessoa ache que seria impróprio verbalizá-la. Mas a ideia persiste, gerando discórdia no relacionamento, uma discórdia muitas vezes inexplicável para o parceiro.

A trágica fronteira entre a conexão e a desconexão talvez fique mais clara após o próprio ato sexual. A sensação amiúde informada de nojo e raiva do/a parceiro/a — em geral, uma mulher — pode ser consequência do pensamento "Por que você não é outra pessoa?". A clivagem entre o amor idealizado e o desejo sexual pode ter permitido a ocorrência da excitação, em primeiro lugar — para usar a dicotomia mãe/puta —, mas depois é seguida por toda a raiva decorrente de não se haver encontrado o que se estava realmente procurando. As imagens culturais da mulher ideal, que mudam historicamente, é óbvio, podem ser usadas como álibis para o ódio: a parceira não ficou à altura do que era esperado.

Quando Zola enfim passou a noite com George Sand, após um esforço continuado de seduzi-la, ela não fez qualquer tentativa de esconder a natureza irrefreada de seu desejo sexual. De manhã, Zola deixou dinheiro na mesinha de cabeceira, como se a realidade da paixão dela a desqualificasse da categoria de "mulher a ser cortejada" e, em vez disso, a transformasse em prostituta.

Quando exploramos mais o conteúdo das fantasias, encontramos o estranho e o familiar. É comum os homens imaginarem que estão rasgando o corpo de uma mulher, ou levando-a ao orgasmo sem parar. Tradicionalmente, as fantasias sexuais masculinas eram entendidas como veículos de relações de poder, com um homem ativo e agressivo e uma mulher-objeto passiva, porém vários estudos posteriores, a partir da década de 1970, afirmaram que, na fantasia, os homens eram especialmente atentos ao prazer feminino, enquanto as mulheres, supostamente criadas para dar prazer aos homens, na verdade concentravam-se mais em dar prazer a si mesmas.[174] A ideia de que as mulheres só se interessavam realmente pelos relacionamentos, e não pelo sexo, como disse Sallie Tisdale, talvez fosse apenas uma forma codificada de dizer que era por isso que elas *deveriam* se interessar.

Mas o aparente altruísmo da fantasia masculina sensível à mulher talvez só faça ocultar a antiga estrutura de poder: levar uma mulher ao orgasmo coloca o homem e seu pênis no lugar da única agência ativa, e o orgasmo em si pode ser visto como uma forma de divisão, de separação. Com ele, o homem consegue fazer um rombo na autoimagem, no autocontrole e na compostura da mulher. Portanto, pode haver certo tipo de violência escondido no esforço de agradar a parceira. Afinal, ser capaz de afetar profundamente uma pessoa é exercer poder sobre ela, por mais temporário que seja.

O vocabulário do orgasmo faz eco a essa linha destrutiva, e é notável ver como, através dos séculos, ele tem sido equiparado à morte ou a uma perda de si mesmo. No século XVIII, era comum exclamar-se "Você me mata!", e o orgasmo era chamado de "pequena morte" em diversas línguas. Um estudo das descrições do orgasmo nos romances contemporâneos constatou que quase metade dos excertos incluíam imagens de morte e dilaceração, estilhaçamento e explosão dos corpos.[175] Quando a prática do boxe ocidental foi introduzida nas ilhas Cook, a palavra "nocaute" foi prontamente incorporada para descrever o orgasmo feminino.[176] A perda dos limites e o colapso são evocados com frequência: "Eu me estilhacei em um milhão de pedaços", "Eu me transformei em átomos e moléculas", "Eu fico perdido/a", "Eu me despedaço feito um prato quebrado que vai se espalhar por toda parte", "Um abandono total", "Um blecaute completo da consciência". Embora, é claro, possamos ver nessas expressões um léxico de transcendência, com o orgasmo permitindo à pessoa alcançar outro plano existencial, é difícil não inferir também uma violência palpável, uma ruptura ou desagregação dos corpos.

É por isso que algumas pessoas — mais mulheres do que homens — podem ser cautelosas e evitar por completo o orgasmo, já que os riscos são significativos. Quando os pesquisadores constataram, em 1974, para seu assombro, que cerca de 7% das estudantes de Nova York acreditavam que a masturbação podia levar à "loucura", isso pôde ser interpretado menos como uma relíquia das teorias médicas dos séculos XVIII e XIX, ou como resultado de uma educação sexual precária, do que como uma avaliação realista dos riscos para o sentimento de identidade que o orgasmo podia acarretar.[177] Aqui, o medo feminino e a agressão masculina coalescem nesse ponto de porosidade física e psíquica.

O vetor vingativo de grande parte da sexualidade masculina também pode ser encontrado na sequência das fantasias, e assim lançar luz sobre o fato aparentemente contraditório de os temas mais frequentes da fantasia masculina serem o poder sexual, a agressão e... o masoquismo.[178] Se é tão constante a fantasia masculina de esmagar e martelar a mulher internamente com o pênis — raras vezes contra a vontade dela, nesse caso —,[179] as fantasias podem ser precedidas por imagens mais passivas.[180] Assim, para se excitar e sustentar uma ereção, o homem pode imaginar que a mulher assume o controle, forçando-o a fazer sexo e, em geral, ocupando uma posição dominante. Depois, à medida que vai ficando mais excitado e se aproximando mais do orgasmo, isso se altera para a fantasia de dominação masculina mais conhecida, na qual ele se torna o único agente ativo. Os homens são capazes de falar abertamente dessa segunda fantasia, porém muito menos da primeira. E, no entanto, a ordem sugere que a segunda parte, ativa, pode representar uma vingança pela sequência passiva anterior.

É provável que o medo seja o fator-chave aqui, e Theodor Reik observou, muitos anos atrás, que é mais fácil o homem admitir-se escravo de uma mulher do que ter medo dela, evitação esta que se reflete na prática sexual. Inúmeros homens pagam a mulheres para que elas sejam suas donas em práticas de dominação, ao passo que as situações em que o homem encena sentir medo de uma mulher, ao que eu saiba, são raras ou inexistentes. Depois de atender milhares de pessoas em sua clínica sexológica, Claude Crépault pôde afirmar que nunca tinha ouvido um homem admitir-se com medo das mulheres. Do mesmo modo, não é incomum um homem pagar para que a mulher urine ou defeque nele, mas isso é raríssimo — embora não totalmente ausente — entre as mulheres.[181]

A mudança nas fantasias durante os atos sexuais também questiona a conhecida desconexão que os homens parecem mostrar em termos de apego emocional a suas parceiras. Segundo o clichê popular, os homens fariam sexo sem sentir grande coisa, ao passo que as mulheres têm mais probabilidade de manter relações sexuais quando sentem uma ligação emocional. "Foi só sexo", podem dizer os homens, e em seguida passar rapidamente para a pessoa seguinte. Isso costuma ser explicado em termos do binário mãe/prostituta, muito popular na cultura do século xix e que recebeu de Freud uma leitura edipiana. Os homens, disse ele, sentem-se perturbados demais com a proximidade de sentimentos sexuais e amorosos pela mãe, e por isso os separam: desejam uma mulher, mas são incapazes de sentir amor por ela, e amam outra mulher, sem poderem sentir desejo sexual por ela. Para Freud, portanto, a sexualidade masculina era um modo de lidar com a culpa.[182]

A veracidade dessa explicação parece inegável, e nós a vemos todos os dias no trabalho analítico. Um homem pode perder o desejo sexual pela parceira no momento em que ela engravida ou assume algum traço associado com a mãe dele, e o desejo sexual pode sempre gravitar para mulheres que representam traços "opostos" aos maternos: quando a mãe é morena, as mulheres desejadas são pálidas etc. Do mesmo modo, uma imagem maternal "pura" pode não excitar desejo algum, até que o homem a emporcalhe, degradando-a e desdenhando-a através da linguagem ou da ação. Alguns homens só conseguem chegar ao orgasmo quando insultam a mulher com quem se deitam, e a sensação de desprezo pode ser um pré-requisito do tipo mais básico de excitação.

Note-se que, se essa divisão é um modo de lidar com a culpa, é também um modo de lidar com a significação. Quando o homem afirma não sentir nada pela parceira sexual — "Foi só sexo" —, essa é uma operação sobre o significado: o ato não teve importância alguma para ele e, portanto, pode ser esquecido, minimizado ou desculpado. Por seu turno, amar, em vez de desejar, confere sentido, sugerindo que o amor e a significação são estreitamente ligados. No modelo edipiano de Freud, se a mulher é a sede primária do amor e do desejo, ela é também a sede da significação, e, portanto, cindir amor e desejo é cindir a significação: algumas parceiras são tidas como não significando "nada", enquanto outras têm enorme significação.

Mas a vida de fantasia sugere que essa separação categórica nunca é tão nítida quanto os homens gostariam que fosse, e Crépault descobriu que homens que usavam o que ele chama de cenários "antifusionais" — nos quais a emoção é desligada e a mulher é objetificada — podiam de repente passar para os "fusionais" — nos quais é sentida uma conexão verdadeira com a mulher — ao se aproximarem do orgasmo. Além de indicar a natureza defensiva da separação masculina entre mãe e prostituta, isso também lança luz sobre o súbito distanciamento e frieza que os homens frequentemente demonstram às mulheres depois da ejaculação. A dimensão "fusional" tem que ser negada.[183]

Crépault encontrou uma bifurcação semelhante nas fantasias sexuais femininas. Sentimentos intensos de ligação romântica durante o sexo podem dar lugar, subitamente, a imagens fantasiosas de objetificação e ausência de apego, logo antes do orgasmo. A mulher pode até imaginar que seu parceiro da fantasia é substituído por um animal, como que para introduzir justamente a dimensão "antifusional" que se supõe caracterizar a fantasia sexual masculina. "Na maioria das vezes, quando fazemos amor", explica uma mulher, "imagino que é o pênis de um cachorro enorme ou de um cavalo que está me penetrando, ou que um cachorro me lambe e hordas de cães copulam enlouquecidamente." É curioso notar, neste ponto, que se às vezes as mulheres têm fantasias sobre sexo com animais, os homens praticamente nunca as têm, embora tendam, ao contrário, a alimentar fantasias sobre mulheres fazendo sexo com animais.[184]

VOLTANDO-NOS AGORA PARA AS FANTASIAS femininas, a primeira coisa a reconhecer é que os primeiros estudos a esse respeito foram equivocados. Kinsey e seus colaboradores acharam que a vida de fantasia das mulheres era muito menos generalizada que a dos homens e que, se o homem pensava em alguma cena imaginária durante o sexo, a mulher tinha menos probabilidade de fazê-lo. Alguns autores psicanalíticos sustentaram a mesma visão, mas por volta da década de 1970 ficou muito claro que as mulheres fantasiam tanto quanto ou mais do que os homens durante a relação sexual, embora talvez não no momento exato do orgasmo. Essas fantasias podem modificar a identidade do parceiro — ou da própria mulher —, muitas vezes tornando anônima a outra pessoa, deixando-a sem rosto ou indefinida.[185] As fantasias de coação também se revelaram extremamente comuns e se tornaram um tema muito discutido no movimento feminista: seria certo uma pessoa ter fantasias de estupro, sobretudo quando havia passado grande parte da vida fazendo campanha pelos direitos da mulher e por mudanças nos sistemas jurídico e social, tendenciosos a favor dos homens?[186]

O primeiro conjunto de explicações psicológicas dessas fantasias, proveniente sobretudo de terapeutas, teve validade apenas parcial e seletiva. Concentrando-se em sujeitos heterossexuais, eles presumiram que, na fantasia, um homem — descrito como atraente — seria incapaz de se impedir de subjugar a mulher, levado por sua paixão por ela. Assim, afirmou-se, a fantasia do estupro era o veículo de um certo sentimento de legitimação que confirmava o lugar da mulher como objeto do desejo. A força do homem era uma consequência dos atrativos da mulher, e daí a ubiquidade das fantasias de coação na vida sexual feminina.

Embora isso possa ter fundamento em alguns casos, as realidades da vida de fantasia tendem a desmenti-lo como explicação abrangente. Para começar, o homem raramente é descrito como atraente, e é mais comum ser retratado como medonho, repulsivo, enojante, anônimo ou múltiplo. Em segundo lugar, ele não costuma ser tomado pela paixão, podendo praticar atos sexuais de modo rotineiro e pragmático, sem demonstrar o menor compromisso emocional, como um operário de fábrica. A própria falta de interesse dos homens pode ter um valor sexual, aumentando a excitação das mulheres. Em contraste com as fantasias masculinas de coação, nas quais a mulher agredida pode se excitar num dado momento, em muitos cenários femininos essa troca não acontece, e o agressor continua entediado e desinteressado.

Como entender esses aspectos das fantasias femininas? Uma explicação dada pelas primeiras autoras do movimento feminista foi que séculos de desigualdade de gênero, objetificação, agressão e falta de espaço para elas articularem seus desejos estavam fadados a afetar a subjetividade das mulheres, de modo que as fantasias eram essencialmente tomadas de empréstimo dos homens, ou constituíam resíduos da opressão feminina. As condições de opressão teriam virado arcabouços de excitação, e por isso haveria um processo longo e difícil para reverter as fantasias de coação e chegar a uma sexualidade mais emancipada.[187]

Para algumas autoras e ativistas, a sexualidade feminina estava sendo identificada com a vitimação de modo um pouco categórico demais, com o resultado de que tudo o que parecia envolver relações de poder desiguais era automaticamente estigmatizado. Isso trazia o risco de dizer às mulheres apenas o que elas deviam ou não fazer na cama, substituindo um sistema moral autoritário por outro. Como disse Amber Hollibaugh em seu célebre diálogo com Shelly Moraga: "Não quero viver fora do poder na minha sexualidade, mas também não quero cair na armadilha de um conceito heterossexista de poder".[188] O medo do "controle heterossexual da fantasia" significava que não era seguro vivenciar nenhuma fantasia, e, na vida sexual de cada mulher, abrir mão do poder em resposta às necessidades do parceiro podia trazer uma sensação "profundamente poderosa e não passiva". E, por isso, as fantasias de captura deveriam ser exploradas, em vez de eliminadas como simples efeito do que os críticos da época chamavam de "picada na cabeça".

Outra perspectiva enfatizou que já estamos sempre inconscientemente identificados com todos os atores de um cenário de fantasia, e, portanto, os homens entediados e desinteressados poderiam representar, na verdade, uma parte da subjetividade feminina. Se o sexo era vivenciado como um dever mecânico sem emoção por tantas mulheres, não estaria isso sendo invertido na fantasia de coação? Em vez de uma figura feminina não engajada, agora eram o homem ou os homens que apenas executava(m) alguma tarefa maçante de estilo fabril. Portanto, a fantasia estaria invertendo o lado experiencial dos papéis de gênero na típica dinâmica do sexo conjugal, descrita por Kinsey e tantos outros autores. O único problema aqui é que as fantasias de coação são igualmente comuns entre as mulheres que afirmam nunca ter achado que o sexo fosse um dever sem emoção, imposto pelos homens.

Porventura também haveria aí outros fatores em jogo, tais como as crenças a respeito de como os pais de cada um praticavam o sexo? Se a pessoa imaginava a mãe como um modelo assexuado de pureza, por exemplo, como ela poderia ter feito sexo senão forçada? E isso introduz o que talvez seja a característica crucial dessas fantasias: elas tratam da questão da responsabilidade. Ser forçado a uma situação de submissão sexual sobrepõe-se ao consentimento mediante coação, e, portanto, pode-se argumentar que admite a experiência do prazer sexual sem culpa. Como disse Carole Vance, "o sexo é sempre culpado, até ser provado inocente", e daí decorre que muitos cenários sexuais poderiam ser entendidos como tentativas de demonstrar precisamente essa absolvição: "Inocente!".[189]

Em sua compilação de fantasias sexuais femininas, Nancy Friday reparou na notável frequência desses veredictos e em como era comum o uso de expressões do tipo "aí eu tive que...", ou "ele me fez...", mesmo quando o cenário não envolvia nenhuma coação óbvia.[190] A pessoa não é responsável pelo próprio prazer — especialmente o prazer com uma figura proibida, associada ao pai —, e toda a responsabilidade recai inteiramente sobre o agressor. Se as meninas são educadas na infância para sentir culpa pelo prazer sexual e para achar que a excitação do corpo, de algum modo, é julgada negativamente e não permitida, essas fantasias funcionam retirando a culpa e permitindo que a pessoa goze.

Da mesma forma, o anonimato dos agressores pode significar uma fuga temporária da faceta edipiana da fantasia e da sensação de ser julgada. Diferentes aspectos da fantasia e da prática sexuais podem ser recrutados com esse objetivo, desde o uso de máscaras até a seleção de estranhos para o elenco, ou a adoção de posições que eliminem o contato visual. O anonimato, como assinala Friday, permite o sexo "sem que haja ninguém para encarar, e também nenhum rosto conhecido a que nos explicarmos depois". Embora possamos gostar de pensar de outra maneira, o sexo é um drama num tribunal, com diferentes estratégias para fugir do julgamento e da condenação. Enquanto os homens dividem, as mulheres impõem o anonimato.

Como disse uma analisanda, ao falar de sua fantasia de ser dominada por um grupo de homens sem rosto, "me fizeram expressar um desejo que, de outro modo, eu não poderia expressar". Somente o cenário da submissão forçada possibilitava seu prazer, pois a ação era retirada dela. Dyan Cannon descreveu um processo semelhante, mas, além de deslocar a culpa — "Eu não queria ser responsável por meus atos" —, ela se anestesiou, isolando sua consciência real do próprio corpo. "Eu não sentia nada, não queria sentir a verdade", escreveu, e a ação foi unilateralmente limitada a seu parceiro: "Eu o odiava, simplesmente o odiava por me tornar imprópria para ser esposa de qualquer homem. Eu não queria ser responsável por meus atos, e por isso o responsabilizava".[191]

A intrigante popularidade do filme *Busca implacável* entre as mulheres torna-se menos bizarra ao reconhecermos essa questão da responsabilidade. Nessa narrativa incrivelmente racista e misógina, um pai batalha para resgatar a filha de traficantes do sexo e comete múltiplos homicídios nesse processo. A ideia do amor invencível do papai pela filha talvez distraia da xenofobia mais lamentável do filme, porém é o cenário do sequestro que proporciona o verdadeiro fascínio: ser "sequestrada" significa que toda a responsabilidade é dos sequestradores. A velha e equivocada ideia do masoquismo feminino certamente encobre essa questão da responsabilidade pelo prazer: aparentemente, os cenários masoquistas são apenas um modo de representar transferências de responsabilidade.

Poderíamos afirmar que, na verdade, há aqui uma ligação entre o tema do sequestro e o do amor duradouro do pai. Na análise, às vezes testemunhamos a capacidade de uma mulher vivenciar o próprio corpo como sexual após um sonho em que ela é, de modo muito literal, um objeto puramente sexual do pai. O sonho pode causar horror e medo, mas depois torna possível uma relação diferente com o corpo. Será que isso representa uma convergência dos temas de ser raptada e ser escolhida, com o consequente entrelaçamento da eliminação da responsabilidade e da legitimação como objeto desejável e escolhido?

A ideia de ser escolhida, porém, pode esconder outra dimensão inconsciente, moldada pela história pessoal e social. Quando exploramos os sonhos femininos de ser um objeto para o pai, o antigo tema da posse emerge repetidas vezes: a filha é propriedade do pai. Quando Liam Neeson arrisca tudo em sua busca desesperada para salvar a filha querida, não será, em última instância, nesse sentido de recuperar sua propriedade? Durante séculos as mulheres foram classificadas como bens masculinos, donde a indenização nas condenações por estupro ter sido tão frequentemente paga ao pai da vítima e à família dele, e não à própria vítima. O crime sexual era aí um crime contra a propriedade.

Mesmo na liberal década de 1960, os defensores e praticantes das novas liberdades sexuais referiam-se à "troca de esposas", antes de a expressão ser saneada sob a forma mais palatável de "troca de parceiros".[192] E se, historicamente, ser esposa muitas vezes pressupunha a virgindade da noiva — ou a aparência de virgindade, pelo menos —, essas concepções de propriedade foram profundamente gravadas no próprio corpo. Muitas meninas são educadas para crer que o hímen é igual à pele esticada sobre a borda de um tambor e vem a se romper durante o primeiro coito, uma imagem em total desacordo com a realidade anatômica. Imaginar o hímen como um lacre perpetua e reforça a ideia da posse masculina e do corpo da mulher como um bem que pode estar intacto ou danificado.

Clinicamente, o que também vemos aí, muitas vezes, é que a mulher pode experimentar tanto um desejo intenso de pertencer a alguém quanto o desejo de que isso não ocorra. Nos casos de abuso doméstico, os amigos e a família podem ficar perplexos com a insistência da mulher em permanecer com o marido patologicamente ciumento e possessivo, por exemplo, mesmo que sua situação econômica lhe permita afastar-se dessa realidade e que pareça haver uma perspectiva de segurança. Além desse evidente conflito entre as concepções básicas de liberdade e escravização, é possível que haja aí um fio edipiano: a imagem de pertencer ao pai talvez permita que a criança se separe da mãe, e assim o sentimento de "pertencer" e até de ser propriedade pode vir a adquirir um valor e um propósito especiais.[193]

Os dramas de sequestro são extraordinariamente populares hoje em dia, e é comum os adultos considerarem um absurdo que essas histórias perturbadoras — nas quais em geral um homem sequestra uma menina ou uma mocinha — possam ser vistas repetidamente por meninas de oito a dez anos, antes que sua atenção se volte para os espetáculos mais óbvios para adolescentes, que retratam romances entre estudantes do ensino médio. Filmes como *Acredite em mim: A história de Lisa McVey*, *O quarto de Jack*, *Sequestrada à luz do dia* e *A garota do abrigo* podem fascinar pela imagem brutal de "pertencimento" que apresentam e, em menor grau, pelos efeitos sobre a família que perdeu a filha.

Quando discutem essas narrativas, jovens analisandas se concentram no laço entre sequestrador e sequestrada, questionando o que cada um estaria sentindo e, às vezes, imaginando planos de fuga, e é difícil não intuir nisso uma tentativa de exploração da questão do que acontece sexualmente entre um homem e uma menina. O que ocorre quando uma moça é "escolhida"? Como se pode ao mesmo tempo pertencer a uma pessoa e fugir dela? É necessária a força para admitir um contato físico que parece tão perigoso e proibido?

A ênfase na coação se reflete, nesse aspecto, no uso feminino da pornografia. Segundo as análises disponíveis, as mulheres têm 80% a 100% mais propensão do que os homens a buscar o tema "sexo bruto", e os cenários de submissão têm grande popularidade.[194] Mas vale assinalar que as buscas da coação na pornografia são muito comumente equiparadas às de interações mulher-mulher, com ênfase não no sexo bruto ou brutalizante, mas na atividade sexual terna, mais delicada e lenta. As mulheres que falam dessa bifurcação não veem contradição alguma entre esses dois conjuntos de cenários e buscam acesso aos coercitivos ou aos ternos conforme seu estado de espírito na ocasião. De maneira significativa, quando as narrativas de submissão envolvem homens que transformam uma mulher em objeto, a pornografia mais suave descarta inteiramente o homem, atribuindo o agir sexual unicamente às figuras femininas.

Poderíamos supor que os cenários de submissão se tornariam mais difundidos, por ser menor a probabilidade de se ensinar às meninas que o desejo depende do amor. Se em muitas sociedades, desde os anos 1920, a criação infantil das meninas ensinou-lhes que elas devem amar a pessoa com quem mantêm relações sexuais e estar romanticamente envolvidas, isso em certo sentido introduz uma permissão: o amor, como observou Crépault, é o álibi do desejo sexual. Mas, visto que a ligação entre amor e desejo vai sendo enfraquecida ou desfeita em algumas partes do mundo contemporâneo, talvez isso sugira que são necessários outros referenciais para absolver as pessoas da responsabilidade.[195]

Robert Stoller observou que as pesquisas de Masters e Johnson em que os casais mantinham relações sexuais em seu laboratório funcionaram justamente por causa da introdução desse arcabouço: era a ideia do próprio laboratório que legitimava a atividade sexual, livrando os participantes do sentimento de culpa. E, se a atividade sexual feminina tem sido mais comumente ligada a alguma forma de sacrifício — pelo amor, pelo homem, pelo casamento, pelos filhos —, o problema só faz tornar-se mais agudo à medida que ela vai perdendo essa dimensão e que o prazer sexual é afirmado como um valor em si. Por mais objetáveis e opressivas que tenham sido essas concepções do altruísmo forçado, a alternativa deixa em aberto a questão da responsabilidade. Se o prazer sexual é uma meta em si, que preço se deve pagar por ele? Como se pode evitar a responsabilidade por ele, ou, em algum sentido, tratá-la?[196]

Erica Jong fez a esse respeito a interessante observação de que, na época em que o sexo e a culpa estavam muito abertamente fundidos, as mulheres que dispunham de recursos econômicos viajavam à Europa para ter encontros sexuais. Isso não significava apenas estarem longe de casa e dos olhares críticos de familiares e amigos, porém algo muito mais específico: "Se a mulher não falasse a mesma língua do homem, não precisaria se sentir culpada".[197] Nesse aspecto, era a língua, e não uma fantasia de anonimato, por exemplo, que transferia a responsabilidade, como se a língua comum viesse a trazer consigo uma culpa compartilhada. Quando ambos os parceiros falavam a mesma língua, a fala os identificava, acentuando sua posição e responsabilidade.

A recente série de televisão *The Language of Love* usa a mesma premissa, embora desloque a ênfase do desejo sexual para o amor. Solteiros britânicos e espanhóis encontram-se numa propriedade rural e os espectadores podem acompanhar o florescimento de suas relações. "Será que é possível encontrar o amor quando não se fala a mesma língua?", pergunta o apresentador do programa. No entanto, apesar das críticas favoráveis, a série foi cancelada. Podemos nos perguntar se o foco no sexo o teria feito mais popular, com o bordão "Será que é possível fazer sexo sem culpa quando não se fala a mesma língua?".

PODERÍAMOS DISTINGUIR AÍ duas versões diferentes desse processo de administração da culpa. Na primeira, a responsabilidade é transferida e a dimensão do agir é passada para o outro lado da equação, como nos cenários de submissão. Na segunda, há uma ênfase maior na dor — que pode ou não fazer parte das fantasias de submissão e assumir muitas formas, como o desejo de ser espancada, castigada ou maltratada de algum modo. Aqui, a dor pode fazer parte de um acordo de licença: é o preço a ser pago por qualquer prazer posterior. Em ambos os casos, porém, o prazer não pode constituir um dado, uma vez que não é permitido.[198]

Isso por certo explica o sucesso de muitas terapias sexuais de hoje, que trabalham concedendo permissões. É frequente os analistas se aborrecerem quando, depois de anos tentando ajudar um paciente a superar seus sintomas sexuais, este alcança excelentes resultados após algumas sessões com um terapeuta sexual. Não pode ser uma cura genuína, reclamamos, deve ser uma cura por sugestão, ou algo inautêntico. Mas é fato que essas terapias podem surtir efeitos reais, e talvez isso aconteça porque essencialmente o que o terapeuta faz é dizer à pessoa que ela tem permissão para ter um corpo sexuado. Quando o indivíduo passou anos sendo criado num meio que efetivamente lhe negava isso, ter uma figura de autoridade anulando as proibições originais do prazer pode ter um impacto poderoso.

Há nisso uma curiosa inversão da dinâmica sexual masculina. É comum os homens precisarem de uma condição de proibição para sentirem excitação sexual: o "objeto" sexual deve ser proibido, ou encarnar alguma forma de inacessibilidade. Daí alguns homens se sentirem obrigados a andar atrás das mulheres dos outros, como se a carga erótica estivesse realmente na barreira, conforme mostra a seguinte anedota. No funeral da mulher de um amigo, com a qual andara tendo um romance, um homem soluça de forma incontrolável, até que o marido lhe diz: "Calma, logo, logo, eu me caso de novo". Em contraste, muitas mulheres conseguem se comprazer ao deparar menos com uma proibição do que com uma permissão: é o oposto da porta proibida do Barba Azul, que talvez seja uma fantasia mais masculina. Nesse caso, a excitação pode ligar-se ao fato de a mulher estar, precisamente, autorizada a abrir a porta.

Quando temos oportunidade de explorar as forças que vinham impedindo uma jovem de vivenciar seu corpo sexualmente, é comum encontrarmos, além dos costumes sociais de praxe, uma proibição mais profunda e inconsciente: o medo de invadir o espaço ocupado pela mãe. Como diz Paula Webster, "podemos ter a impressão de que a estamos traindo quando queremos mais do que ela teve" e do que ela possuiu ou possui.[199] Quando todo o território sexual é sentido como sendo ocupado por ela, a filha pode ter dificuldade de obter acesso a seu próprio espaço, e o castigo por fazer isso, que aparece nos sonhos e no folclore, é ter a vulva costurada. Assim, quando um terceiro é capaz de suplantar a autoridade imaginada da mãe, um corpo sexual pode tornar-se viável.

Isso também explicaria o fato clínico de que, às vezes, como vimos antes, a mulher consegue ganhar acesso a seu corpo como sexual depois de ter um sonho em que é o objeto sexual do pai. Embora esse sonho costume ser vivenciado como um pesadelo, ele pode ser a assinatura de um processo psíquico pelo qual a sonhadora encontrou um modo de evitar a invasão do espaço materno. Quando a imagem fantasiada do pai é intensamente sexualizada, e quando ele é representado como violento e coercitivo, é possível que funcione para suplantar a autoridade da mãe, arrancando a filha do controle dela. O importante é exibir uma força que seja maior que a da mãe.

Se as fantasias de coação fornecem sua própria solução aqui, ao absolverem a filha da responsabilidade por seu prazer corporal, outros cenários que envolvem uma ação mais aparente podem ter uma função semelhante. Imaginar-se como dançarina erótica ou prostituta pode ser uma condição de excitação para muitas mulheres, e isso é tipicamente visto como um exemplo de interesse pela Outra mulher, aquela que se supõe saber algo sobre a sexualidade e que, por isso, constitui um polo de gravitação. Ela pode exercer grande fascínio, por encarnar o objeto misterioso que os homens desejam, a pergunta enigmática da feminilidade etc. Em outro nível, no entanto, será que o cenário imaginário não é eficaz por tratar a questão da responsabilidade? A dançarina erótica ou a prostituta tem um papel simbólico e social, e é exatamente esse papel que retira dela a responsabilidade. Aquele é seu trabalho. E assim, tal como o cenário da coação, ele afasta a responsabilidade em prol do prazer.

Talvez isso esclareça o tema ubíquo mais geral de se imaginar que se é outra pessoa durante o sexo. A interpretação-padrão consiste em ler isso como um questionamento do desejo: se ela é outra pessoa, o que o parceiro vê nela? O que o excita? O que ela é para o outro? Ser outra pessoa também pode significar, porém, muito simplesmente, que se é absolvido da responsabilidade pelo prazer. Quem se abandona tem uma liberdade maior, mais direito a um corpo sexual, e talvez seja por isso que tais fantasias são tão frequentes na vida sexual feminina, e também por isso, talvez, que pode haver um apelo à pornografia. Quando uma voz dentro dela dizia "Garota má. Não pode tocar", Sallie Tisdale recorreu à pornografia, para aprender mais não sobre sexo, mas sobre atravessar fronteiras: "Eu precisava de permissão, precisava de uma bênção".[200]

Outra diferenciação é útil aqui. Existe a ideia de uma permissão que vem de um ponto além da mãe, legitimando a aparente invasão. E há também a abdicação da responsabilidade na fantasia de coação, para evitar a vergonha do desejo, ou o uso da dor como licença para o prazer. Mas o que também encontramos com muita frequência é uma virada no cenário da coação, na qual se trata menos de uma imposição da vontade dos outros à pessoa do que de ela não ter que pedir coisa alguma que possa querer. Isso foi observado por Karen Horney: a fantasia do parceiro ideal, que responderia antes de qualquer pergunta ser feita, com a característica crucial de tornar desnecessária a indagação — e, portanto, a responsabilidade pelo desejo. As duas já teriam sido adivinhadas.[201]

Uma mulher explicou sua raiva e sua decepção com o parceiro quando ele lhe deu justamente o colar que ela havia escolhido e ao qual dava enorme valor. Por que ele não tinha adivinhado antes? Por que não havia antecipado o que ela queria? E, ponto crucial, por que ela tivera que pedir? Há um verdadeiro valor erótico em desviar da fala nesse ponto, com seus circuitos transacionais: assim, o colar não deveria ter feito parte de um circuito de trocas, mas apenas ter sido dado, sem jamais ter sido pedido. Quando às vezes as mulheres evocam a "mestria" de um amante de fantasia, o que o torna mestre é exatamente este *saber o que fazer* — sem que nada lhe seja dito.

O sucesso da comédia romântica de Nancy Meyers *Do que as mulheres gostam* (2000), girou em torno dessa premissa.* Um executivo da propaganda, um homem desagradável e chauvinista interpretado por Mel Gibson, adquire de repente a capacidade de ler os pensamentos das mulheres, depois de receber uma descarga elétrica, e usa isso para tirar vantagens pessoais e profissionais. O título do filme, obviamente, é mais uma afirmação do que uma pergunta e, em última instância, não se refere nem ao executivo nem ao conteúdo particular dos pensamentos de uma personagem feminina, e sim à faculdade de adivinhar, de saber como que de antemão, de tal sorte que perguntar nunca seria necessário. "O que as mulheres querem", segundo esse modelo, é apenas que outra pessoa saiba o que elas querem, ou, talvez mais exatamente, que elas não tenham que pedir.

---

* Vale lembrar que o título original do filme, *What Women Want*, traduz-se por *O que querem as mulheres*. É um detalhe importante para o raciocínio desenvolvido pelo autor. (N. T.)

É instrutivo imaginar como seria hoje uma nova versão desse filme. Talvez os espectadores imaginassem que o próprio Mel Gibson era a referência do título *Do que as mulheres gostam* — se bem que, depois das alegações de que ele não passa de um misógino violento e racista, talvez o filme tivesse que acabar após a cena da eletrocussão. Podemos imaginar que um ator como Timothée Chalamet talvez tivesse melhores perspectivas de sucesso, por encarnar uma fluidez de gênero que foi tradicionalmente proscrita entre os protagonistas masculinos da cultura predominante. E, de fato, o filme que foi considerado o salto qualitativo da carreira de Chalamet — *Me chame pelo seu nome* — gira justamente em torno dessa questão de falar e pedir, e da ligação disso com a sexualidade. Pensando bem, talvez *Me chame pelo seu nome* tenha sido mesmo uma refilmagem de *Do que as mulheres gostam*.

Para falarmos de outro exemplo, uma mulher descreveu sua intensa excitação quando o parceiro lhe afagava o cabelo. "É sempre um fogo que me atravessa na mesma hora, vai direto para dentro de mim", explicou. Ela não teve dificuldade de ligar isso aos momentos de intimidade na infância em que a mãe lhe afagava afetuosamente o cabelo, mas, se havia uma linha clara que se podia traçar entre as experiências infantis e as posteriores, tratava-se exatamente dessa excitação garantida, que ela sempre se sentira incapaz de pedir: o prazer "estava ali, esperando", mas não havia como assumir a responsabilidade por ele.

A QUESTÃO DA RESPONSABILIDADE nos leva de volta às primeiras experiências de excitação corporal da criança. Embora, obviamente, um bebê nem saiba o significado do termo "sexual", os fenômenos da excitação estão em toda parte: a irradiação física de calor, a vasocongestão do tecido genital, a lubrificação, a pressão exercida pela bexiga e pelo reto nas paredes vaginais. Os sinais físicos de orgasmo já foram relatados até em bebês de menos de um ano: embora a ejaculação esteja ausente, os movimentos ritmados do corpo, a movimentação pélvica, a tensão muscular no abdômen, nos quadris e nas costas, seguida por uma liberação repentina, com espasmos e contrações anais, foram documentados a partir de aproximadamente cinco meses, e, em um dos casos — talvez de modo fantasioso —, até numa menina de quatro semanas.[202]

Ora, essas experiências confrontam a criança com duas perguntas enormes: por que a mudança no corpo? E qual é a melhor maneira de cuidar desses estados de tensão? Quando o nosso corpo se modifica, notoriamente na puberdade, toda uma gama de processos sociais e familiares é introduzida para moldar e dar sentido à experiência. Os ritos de puberdade de muitas culturas fazem deles momentos externos e altamente simbólicos. E, nas sociedades em que a medicina ocupou progressivamente o lugar da religião, os médicos se descobrem destinatários das inquietações preocupantes das pessoas com as mudanças corporais. Ao longo de nossa vida, o corpo requer uma injeção de significado, fornecida por um terceiro privilegiado.

As coisas não são diferentes para o bebê e a criança, mas a tarefa de ganhar sentido é muito mais dificultada pelo fato de que as mudanças corporais que os adultos associam à sexualidade tendem a ser silenciadas ou erroneamente rotuladas, como vimos, além de encerradas numa atmosfera de juízos negativos. Mudanças corporais como a irradiação de calor, o ingurgitamento e a pulsação podem ser sentidas como profundamente externas, impostas contra a vontade da criança, assim como a tensão muscular que não leva a um movimento pode ser sentida como uma força estranha.[203] As crianças podem até desejar ser despojadas de seus órgãos sexuais, para escapar a esses estados de medo, agitação e tensão corporal.

É frequente a excitação feminina usar, nesse ponto, a linguagem do desequilíbrio e da ameaça. "As sensações sexuais me dão uma perda de controle pavorosa. Quando fico sexualmente excitada, às vezes não sei direito onde está meu corpo", explicou uma mulher, dizendo ainda que precisava usar roupas apertadas para elas "me segurarem". Nos picos de excitação, ela se sentia "jogada no chão, empurrada para fora do mundo. Sumia qualquer esteio. Eu ficava num lugar onde não havia fundações, nenhuma sustentação. O orgasmo não era agradável. Dava medo". A excitação levava a "um pedaço de lugar nenhum". Em outra descrição, "o orgasmo parece o paraíso no calor do inferno".[204] Selma Fraiberg descreveu as sensações de pânico e terror sentidas por meninas, e relatou que as contrações vaginais eram capazes de deixar uma criança "morta de medo". Como disse Herchsberger, as sensações de excitação sexual podem ser vivenciadas como um "inimigo estranho".[205]

E é nesse ponto que a questão da responsabilidade se torna muito importante. Quando um adulto tem o poder de retirar um estado de tensão experimentado no corpo da criança — digamos, fome ou sede —, não demora muito para que ele seja identificado com a fonte desse estado. Similarmente, quando um bebê quer mudar de posição, por causa de algum desconforto muscular ou epidérmico, a demora do adulto em responder, ou sua falta de resposta, transforma-se na causa do incômodo. Assim, o poder de resposta do pai ou da mãe tem o estranho efeito de fazer deles os responsáveis pelo problema inicial.

Os estados precoces de excitação podem ter exatamente os mesmos efeitos. À medida que o corpo se modifica, há um apelo ao pai ou à mãe, então identificados como sua fonte, embora a estrutura dessa censura possa rapidamente ter uma aplicação mais ampla. Uma menina de oito anos, apaixonada por um garoto de sua turma, descreveu sentir-se fisicamente excitada quando ficava perto dele, mas também "com raiva dele, porque é ele que faz com que eu me sinta assim". Embora as notórias mudanças de humor da adolescência — e do período igualmente importante dos nove aos dez anos — tendam a ser explicadas em termos da busca de independência dos pais por parte dos filhos, essa mesma dimensão pode estar absolutamente presente: os estados corporais de excitação e tensão geram um apelo (inconsciente) ao pai ou à mãe, que é então (sem saber) julgado/a culpado/a por sua incapacidade de tratá-los. A criança pode oscilar entre tentativas repetidas de chamar um dos pais, frustração com eles e visitas intermináveis à geladeira, sendo sua única certeza o conhecimento de que o remédio está *fora* dela mesma.

Judith Kestenberg estudou a variedade de estados de tensão do corpo das crianças e afirmou haver diferenças significativas entre os locais de agitação interna e os pontos da superfície do corpo em que eles se localizariam. Ela pensava que as aberturas óbvias do corpo e os focos sensoriais nelas situados — o clitóris, o ânus, o pênis — tornavam-nas particularmente suscetíveis a sediar os ritmos internos de excitação e tensão que perturbam e geram confusão. À medida que crescemos, disse ela, aprendemos a confundir as aberturas com o interior. O clitóris, por exemplo, é útil por sua característica começar/parar, e manipulá-lo como um foco pode ajudar a aliviar outras tensões genitais mais difusas, descritas por uma criança como "um negócio espalhado".[206]

Similarmente, Kestenberg achava que, quando as meninas contraem os músculos do períneo e pressionam as coxas uma contra a outra, em vez de apenas identificar essa prática como uma atividade masturbatória geradora de prazer, talvez ela funcionasse para localizar e limitar outras sensações mais incômodas e potencialmente avassaladoras em pontos mais internos do corpo. Como observara Karen Stephen muitos anos antes, a única força suficientemente forte para tratar a sexualidade é a própria sexualidade. Essa oscilação poderia ser ecoada pela diferença entre as áreas com um suplemento abundante de terminações nervosas — como o bulbo clitoridiano — e as que dependem de inervação simpática e parassimpática, e da inervação mista dos músculos estriados e não estriados envolvidos no orgasmo.[207]

Esse uso de um tipo de excitação sexual para controlar e limitar outro está no cerne de muitos tipos de práticas sexuais, e talvez se ligue à sensação de "conclusão" de que as mulheres por vezes falam. Vimos que a masturbação e o sexo podem ser interrompidos para evitar os perigos do orgasmo, mas, quando os orgasmos efetivamente acontecem, às vezes ainda podem parecer "inacabados". Nas palavras da psicanalista Natalie Shainess, "existe a sensação de que aconteceu algo que torna incômoda e inútil a estimulação adicional, mas sem a percepção do orgasmo em si".[208] A masturbação também pode ser experimentada como uma grande urgência, e a manipulação dos órgãos genitais pode ser impaciente, como se algo tivesse que ser sacudido para sair. Em alguns casos, pode haver uma pressa de estimular diretamente o clitóris, justamente para evitar outro tipo mais difuso e avassalador de excitação corporal.

A excitação que se espalha e é muito difícil de suportar gera, primariamente, um apelo para que a mãe a afaste, cuide dela de algum modo, como já se provou capaz de fazer com a fome e a sede. Mas o fato mesmo de os fenômenos corporais serem agudamente evitados e desconhecidos pelos adultos torna isso quase impossível. Daí as muitas maneiras de as crianças fazerem experiências com o próprio corpo, em particular com as sensações de plenitude e vazio, usando o estômago, os intestinos e a bexiga. Os esforços sutis de explorar e estruturar a experiência interna tendem a ocorrer exatamente nos pontos em que a resposta parental é insuficiente ou ausente, e podem assumir a forma de esforços para abrir e fechar as aberturas do corpo.[209]

A maneira de as pessoas lidarem com essas experiências varia muito, e vale a pena observar que a estratégia que funciona para um pode não funcionar para outro. Uma mulher explicou que, para ela, as sensações internas durante a manipulação masturbatória genital eram tão perturbadoras que ela achava mais fácil fazer sexo com outras pessoas. A intensidade de sua excitação corporal era tão menor com seus parceiros desajeitados que ela não a achava minimamente ameaçadora. Outros, porém, podem descrever um processo inverso, no qual a interação com outra pessoa traz riscos muito maiores do que o espaço controlado da masturbação.

Essas funções emudecedoras do sexo e da masturbação complicam-se nos casos em que uma emoção muito forte as acompanha. Devemos interpretar isso como uma defesa ou uma distração? Ou reconhecer sua legitimidade? Ou as duas coisas? Em algumas ocasiões escutei analisandas falando de seus sentimentos de "puro ódio" em relação à mãe ao se masturbarem, e outros analistas também notaram esse relato. É muito estranho haver um sentimento intenso de ódio justamente no lugar em que esperaríamos algum tipo de narrativa ou imagem de fantasia. Indagada sobre isso, uma mulher explicou: "Não sei mesmo por quê, mas o ódio e a excitação aparecem juntos, é como se fossem a mesma coisa, ao mesmo tempo".

Em sua pesquisa sobre o comportamento sexual, Morton e Bernice Hunt descobriram, para sua surpresa, que aproximadamente um terço de suas entrevistadas se masturbavam ao se sentirem rejeitadas no amor, de tal modo que a manipulação da genitália era vivenciada como "uma forma de vingança".[210] Note-se que o que representa a vingança é menos um cenário fantasiado do que o ato efetivo da masturbação, observação que ecoa as conclusões dos pesquisadores da infância que afirmaram que, contrariando suas expectativas, a masturbação precoce correlaciona-se com a independência e com o esforço de separação da mãe. Será que ela conteria esse elemento de vingança, ou poderia o ódio que às vezes emerge nessa situação envolver uma censura à mãe, por ela não cuidar das sensações corporais da criança? Ou seria ela, talvez, a única maneira aparentemente possível de vivenciar de fato a emoção do ódio?

Outro exemplo aqui seria a questão de urinar durante o sexo, já que isso pode representar o medo de perder o controle do corpo e a tentativa de impor ordem, através do processo de abertura e fechamento que se sente que isso envolve. Devemos lembrar que os riscos da excitação corporal são muito altos e podem ser vividos como um colapso total, uma explosão, uma urina descontrolada e a perda de si mesmo, como mostra a linguagem do orgasmo: "Senti que, se deixasse aquilo ir mais longe, acabaria por estourar. Não estourar só na cama, mas em tudo... Cravei as unhas na pele e me impedi". As crianças e adolescentes que descobrem o orgasmo através da masturbação frequentemente param de praticá-la, para evitar esses riscos de desintegração. A excitação de que as crianças não sabem cuidar, ou com que não sabem lidar, pode transferir-se para o trato urinário, gerando sintomas como fazer xixi com frequência, prender a urina e depois soltar toda ela de uma vez, ou, ainda, rituais de abrir e fechar a uretra.[211]

O apelo gerado pelos momentos mais precoces desses estados corporais de tensão e excitação ajuda a criar um substituto especial da mãe no inconsciente. A psicanálise tem tendido a privilegiar a representação da mãe como não dando à criança ou privando-a dos suspeitos de praxe (leite, pênis), ou tirando-os dela. Mas as observações de Kestenberg sugerem que há aí uma terceira imagem da mãe: não a mãe que não dá ou que priva, mas a mãe que justamente deixa de tirar. Essa é a mãe que não consegue ou se recusa a tirar do corpo da criança os estados de tensão sexual.[212]

Nesse aspecto, talvez a censura encontre certa resposta no próprio sexo. Quando adultos trepam, a descrição mais comum da sensação posterior é "alívio", termo também usado para o ato de fazer alguém gozar. Se o sexo, como vimos, é uma câmara complexa de compensação de muitos favores e angústias, um resultado poderia ser a eliminação dos estados de tensão que os adultos que cuidavam de nós na aurora de nossa vida não realizaram. O sexo, nesse sentido, tira tanto quanto dá, e poderia explicar o sentimento de gratidão às vezes experimentado em relação à outra pessoa, por mais egoísta que tenha sido o seu comportamento sexual efetivo. O parceiro sexual ajudou a eliminar o estado corporal de excitação e tensão e o sexo apagou, temporariamente, toda uma gama de outras preocupações.[213]

O alívio relatado pelas pessoas também sugere que um perigo mortal terrível foi evitado por um triz. O sexo como ato parece inacreditável para as crianças, e esse sentimento de incredulidade fica conosco, inconscientemente, por toda a vida. Tê-lo praticado efetivamente e sobrevivido a ele, com todos os riscos de lesões corporais que ele acarreta, é simplesmente impensável, e as lágrimas e risadas que às vezes o acompanham podem ser a assinatura dessa realização. E vale a pena lembrar que, ao contrário de muitos outros sinais de emoção, as lágrimas e o riso não raro constituem, acima de tudo, sinais de alívio, de se haver evitado uma calamidade.

As palavras usadas há séculos para descrever o sexo quase sempre se referem, simultaneamente, à trapaça, à traição ou à esquiva — trepar, meter, papar, foder, faturar, traçar, levar, ganhar —, como se o ato sexual nos permitisse, por um momento, evitar a catástrofe ou levar a melhor sobre alguma força maligna. Os danos ao corpo e o castigo são evitados na própria situação em que mais correríamos riscos. E a mistura curiosa de sentimentos que acompanham tão comumente a sensação de alívio talvez seja um testemunho disso.

Os homens podem ter necessidade de tornar sua fuga ainda mais concreta, literalmente escapando para o sono depois do sexo, ou se retirando fisicamente. Legman fez a proveitosa observação de que, apesar de Casanova ser comumente visto como um modelo das proezas sexuais masculinas, na verdade ele passa metade do tempo descrito em suas *Memórias* viajando, ou seja, afastando-se de seu último encontro sexual.[214] Os homens podem sentir nojo de si mesmos ou da outra pessoa, muitas vezes com a ideia de terem feito concessões, donde a busca urgente pelo próximo parceiro, e, aqui, o ódio consciente do outro tende a ocultar um ódio de si mesmo. Quando eles se empenham constantemente numa sexualidade defensiva, tentando criar e manter divisões que são sempre muito frágeis, seus planos de fuga podem ser mais abrangentes e prejudiciais para outras pessoas. Entre as mulheres, talvez seja menos frequente o sexo ter essa qualidade defensiva; entretanto, como vimos, diferentes tipos de clivagem podem estar em ação, com suas próprias consequências.

Na fantasia favorita de uma das pacientes de Jack Morin, ela está voltando para casa em disparada e vê um carro da polícia, mas não reduz a velocidade. O policial bonito a faz parar e sugere que há um modo de ela não receber uma multa: não é difícil adivinhar o que se segue. Ao descrever o que tornava esse cenário tão excitante, ela disse a Morin que era ela a manipuladora, em vez de a manipulada, e que se sentia controlando o policial. Mas a parte mais intensa e excitante da coisa toda era que ela conseguia ir embora sem levar a multa: "Eu venci!".[215]

Em outras palavras, ela conseguiu evitar o castigo, sendo mais esperta do que a lei e o poder de seu representante. Prazer que não tem preço. Deve ser mesmo um alívio conseguir escapar de uma fria dessas. Se o sexo é uma forma de tratar a raiva, o desespero e o sentimento de ser oprimido/a, ele permite uma medicação muito temporária de estados de tensão e pavor. Os atos sexuais fazem isso por meio de dominações (oral, anal, muscular e genital) ou conciliações, através dos mesmos órgãos e partes do corpo. Vimos que uma mesma pessoa pode estar nessas duas posições — e mais até — durante um encontro sexual, e que a própria oscilação entre elas pode gerar excitação. E, ao mesmo tempo, as sensações corporais são tratadas por fusões, localizações e bloqueios: uma sensação se funde com outra, ou é localizada num ponto de foco sensorial, como o clitóris ou o pênis, ou é bloqueada por outra sensação aparentemente diferente.

É importante lembrar que, apesar disso tudo, o sexo nunca é uma coisa só. As mesmas ações podem ter significados totalmente diferentes para pessoas diferentes, ou para a mesma pessoa em momentos diferentes da vida. Para um adolescente de dezesseis anos numa festa da escola, é improvável que o sexo seja o mesmo de uma pessoa casada ou solteira de quarenta anos, ou de um soldado com seu pelotão em território ocupado, ou de uma pessoa de setenta anos que acabou de enviuvar. Ao mesmo tempo, porém, talvez ele sempre envolva desequilíbrios de poder corporais e emocionais, pequenos ou grandes atos de violência e inflicção de pressão que, como vimos, podem ser, em parte, efeitos de nossa primeira infância.

Dada essa bagagem, é surpreendente que as pessoas consigam sequer praticar sexo, e os muitos problemas de "desempenho" sexual que elas relatam devem ser um testemunho disso. Na verdade, não deveriam esses problemas ser interpretados como reações legítimas às circunstâncias de cada um? Bernard

Apfelbaum observou que a capacidade efetiva de praticar o sexo deveria ser vista como um distúrbio, em alguns casos. Se alguém está deprimido, ou com raiva do parceiro, ou se sentindo atacado por ele, ou de luto, ou preocupado com o relacionamento dos dois, será que isso não sugere que eles não deveriam ser capazes de ter relações sexuais? No entanto, o fato de muitos continuarem a fazê-lo e se comportarem de acordo com os roteiros significa que, de algum modo, sexo e desempenho se separaram. O sexo torna-se o próprio sintoma de uma alienação de si mesmo.[216]

Em seu estudo inovador intitulado *A dialética do sexo*, Shulamith Firestone afirmou que a única esperança de uma sexualidade liberada — que ela talvez não acreditasse ser realmente possível — seria transferir toda a maternidade reprodutiva para os dois sexos, ou, de preferência, para formas de reprodução inteiramente artificiais. Seu trabalho rico e variado é comumente reduzido apenas a essa tese, que é então ridicularizada, mas, ainda que isso não venha a acontecer, pode-se perceber a ideia: ao eliminar as relações de dependência da infância e o fardo sacrificial das mães, todas as relações de poder distorcidas do vínculo bebê-cuidador teriam o potencial de ser reformuladas, e já não precisariam ser redirecionadas para os próprios atos sexuais. O sexo não mais teria que ser uma série de atos de violência, vingança e inversão, ocultos e nem tão ocultos.

Se, no sexo, encenamos, perseguimos e vingamos muitos aspectos da relação primitiva com nossos cuidadores, sempre haverá um desequilíbrio de poder, pois foi assim que começamos a vida. Éramos desamparados, incapazes de nos expressar, e estávamos à mercê de corpos maiores e mais poderosos. No sexo, entretanto, quase sempre existe a impressão de reverter o desamparo, uma vez que somos momentaneamente a causa de sentimentos e sensações em outra pessoa e, às vezes, em nós mesmos.

É por isso que as pessoas podem sentir uma carga tão erótica, nas palavras de Amber Hollibaugh, ao "verem as expressões de carência varrerem o rosto de seus amantes".[217] Somos enfim capazes de causar coisas, de ter uma breve capacidade de ação num mundo em que tendemos a não ter nenhuma. E há sempre uma linha muito tênue entre a tentativa de ser a causa do que o outro sente e o esforço para dominá-lo e controlá-lo: portanto, de fato, uma espécie de violência.

Além de sua sombra reprodutora, o sexo talvez exista para erotizar essas dimensões de desigualdade, dominação, força e causalidade. Ele envolve uma exploração e uma elaboração, segundo a segundo, das relações de poder, com mudanças rápidas das desigualdades, conforme cada pessoa faz alguma coisa ou se abstém de fazer algo com o parceiro. Essa dinâmica contém roteiros sociais e é alterada por eles, ditando o que pode e o que não pode ser feito, e com quem. Como escreve Hollibaugh, "o poder é o coração, e não apenas o monstro, de toda investigação sobre o sexo".[218] Quando dizemos que as fantasias arraigaram-se em nós através da cultura e da socialização, e que por isso devem ser questionadas, é claro que isso é verdade, porém o que mais poderia tomar o lugar delas, se sua própria função é fazer algo da dor, do trauma e da opressão? Se é só isso que é o sexo, o que mais ele poderia ser?

O sexo pode ser um modo de transformar nosso sofrimento e opressão numa fonte temporária e complexa de prazer. Um analisando que fora criado na Espanha e lá tivera diversas relações sexuais na juventude ficou chocado ao constatar, na chegada a Londres, que as millenials com quem dormia frequentemente cuspiam em seu pênis. Interpretando isso como um gesto mais cultural do que pessoal — ao que parece, o gesto não tinha como objetivo a lubrificação —, ele tomou a decisão de não protestar, embora aquilo o deixasse incomodado: "Como é que eu podia dizer 'Pare', quando as mulheres tiveram que suportar a opressão e a tirania dos homens durante séculos?".

O que é muito interessante em sua reação é que o sexo estava sendo entendido como um espaço privado e público, um espaço em que era possível expressar raiva da própria situação, porém de modos socializados para dar prazer — de vez em quando. O problema, é claro, é que as diferentes partes envolvidas têm pretensões e raivas diferentes, como quer que optemos por interpretá-las. O sexo tem a ver com muito mais do que sexo — tem a ver com a história, a educação, a angústia, a culpa, a vingança, a violência e o amor. Quando supomos que ele é só uma questão de prazer e satisfação, deixamos de ver o que precisamos ver para repensar o que o sexo é e o que poderia ser.

# *Agradecimentos*

Minhas inspirações para este livro vão do belo ao maldito: Ruth Herschberger, autora pioneira do movimento feminista e teórica do gênero; Judith Kestenberg, psicanalista e estudiosa da sexualidade infantil; Amber Hollibaugh, ativista LGBTQIAP+ e escritora; John Gagnon e William Simon, sociólogos da sexualidade que trabalhavam com Foucault muito antes de Foucault; e Gershon Legman, historiador do folclore e das práticas sexuais, autodiagnosticado como preconceituoso e autor da revisão psicanalítica mais substancial da sexualidade depois de Freud. Aprendi muito com esses autores, e, embora nem sempre concorde com eles, suas ideias moldaram a maior parte das páginas deste livro.

Desenvolvi os temas aqui discutidos em seminários no Centre for Freudian Analysis and Research, em Londres, e gostaria de agradecer a todos de lá por criarem um espaço tão aberto e estimulante. Um agradecimento especial para Julia Carne, Vincent Dachy, Berjanet Jazani, Alexandra Langley, Laura Tarsia, Anne Worthington e Astrid Gessert, que também teve a gentileza de me ajudar nas traduções do alemão. Sou grato a amigos e colegas por seu incentivo e suas contribuições: Josh Appignanesi, Devorah Baum, Anouchka Grose, Hanif Kureishi, Ken Theron e Jay Watts. Um grande obrigado a Stephanie Theobald pelas muitas sugestões e críticas ponderadas e por seu conhecimento geral sobre o sexo, e a Jamieson Webster pela estimulante entrevista sobre sexualidade que fizemos para a revista *Spike*.

Obrigado a todas as pessoas da indústria do sexo que tiveram a bondade de responder a minhas perguntas e falar de sua experiência, de maneira muito franca e intransigente, esclarecendo inúmeros aspectos da prática sexual. Pat Blackett e Mike Witcombe me deram uma ajuda altamente necessária na pesquisa da literatura e conseguiram encontrar muitos dados que a internet e eu não soubemos fornecer. Sou extremamente grato a Seb por seus comentários esclarecedores sobre o manuscrito e suas percepções sobre o assunto. Um enorme agradecimento a Clémence Ortega Douville pelas generosas sugestões e por me dar ciência de textos e produtos da mídia que se harmonizavam com os temas do livro. Mary Horlock, esse gênio não reconhecido, ajudou-me a formular muitas das principais questões discutidas, e seu apoio e incentivo foram inestimáveis na redação do texto. Simon Prosser foi, como sempre, o editor perfeito na Hamish Hamilton, e Tracy Bohan, na Wylie, foi o mestre dos agentes. Um grande aplauso para eles e para Hermione Thompson, na Hamish Hamilton, por suas contribuições esclarecedoras, e para Sarah-Jane Forder, pelo trabalho meticuloso de revisão. Por fim, obrigado a todos os analisandos que contribuíram para este livro e cujas reflexões sobre a sexualidade me orientaram, instruíram e corrigiram.

# Notas

1. Em Freud, é claro, a concepção do sexo era muito mais ampla do que o coito pênis-vagina. Para abordagens psicanalíticas recentes da sexualidade, ver Alenka Zupančič, *What Is Sex?* (Cambridge, Massachusetts: MIT Press, 2017); Jamieson Webster, *Disorganisation and Sex* (Bruxelas: Dividend, 2022); e Kenneth Burke, *Permanence and Change* (Nova York: New Republic, 1936). A leitura de Freud através de Burke foi sugerida por John Gagnon e William Simon em *Sexual Conduct* (Chicago: Aldine, 1973).
2. Ver Terri Fisher et al., "Sex on the brain?: An examination of frequency of sexual cognitions as functions of gender, erotophilia, and social desirability", *Journal of Sex Research*, v. 49, pp. 69-77, 2012.
3. Ver Shira Tarrant, *The Pornography Industry: What Everyone Needs to Know* (Oxford: Oxford University Press, 2016), pp. 66-7.
4. Ver Clellan Ford e Frank Beach, *Patterns of Sexual Behavior* (Nova York: Ace, 1951); e Paul Hoch e Joseph Zubin (Orgs.), *Psycho-sexual Development in Health and Disease* (Nova York: Grune and Stratton, 1949).
5. Ver Andrea Dworkin, *Intercourse* (Nova York: Basic Books, 1987).
6. Ver Clellan Ford e Frank Beach, *Patterns of Sexual Behavior*, op. cit.; Donald Marshall e Robert Suggs (Orgs.), *Human Sexual Behavior* (Indiana: Institute for Sex Research, 1971); Frank Beach (Org.), *Human Sexuality in Four Perspectives* (Baltimore: Johns Hopkins University Press, 1976); Ruth Munroe et al. (Orgs.), *Handbook of Cross-Cultural Human Development* (Nova York: Garland, 1981); e Roger Goodland, *A Bibliography of Sex Rites and Customs* (Londres: Routledge, 1931).
7. Alfred Kinsey et al., *Sexual Behavior in the Human Male* (Filadélfia: Saunders, 1948) e *Sexual Behavior in the Human Female* (Filadélfia: Saunders, 1953) [ed. bras.: *Conduta sexual da mulher*. Trad. de Antônio

Vespasiano Ramos. Rio de Janeiro: Atheneu, 1967]; e William Masters e Virginia Johnson, *Human Sexual Response* (Boston: Little, Brown, 1966) [ed. bras.: *A resposta sexual humana*. São Paulo: Roca, 1984]. Sobre a abordagem "científica", ver Jill Wood et al., "Women's sexual desire: A feminist critique", *Journal of Sex Research*, v. 43, pp. 236-44, 2006; Lucy Bland e Laura Doan (Orgs.), *Sexology in Culture: Labelling Bodies and Desires* (University of Chicago Press, 1998); e Vern Bullough, *Science in the Bedroom: A History of Sex Research* (Nova York: Basic Books, 1994).

8. Ver Lori Heise, "Violence against women: The missing agenda", em Marge Koblinsky et al. (Orgs.), *The Health of Women* (Londres: Routledge, 2019), pp. 171-96; Rachel Thompson, *Rough* (Londres: Square Peg, 2021); e William O'Donohue e Paul Schewe (Orgs.), *Handbook of Sexual Assault and Sexual Assault Prevention* (Cham: Springer, 2019).

9. Sigmund Freud, "On the sexual theories of children" (1908), em *The Standard Edition of the Complete Psychological Works of Sigmund Freud*, v. 9 (Londres: Hogarth, 1959), pp. 209-26 [ed. bras.: "Sobre as teorias sexuais infantis", em *Obras completas*, v. 8. São Paulo: Companhia das Letras, 2015.].

10. Anne Bernstein, *The Flight of the Stork*, 2. ed. (Indianápolis: Perspectives Press, 1994).

11. Ver Daniel Simons e Frank Keil, "An abstract to concrete shift in the development of biological thought: The insides story", *Cognition*, v. 56, pp. 129-63, 1995; Warren Gadpaille, *The Cycles of Sex* (Nova York: Scribner's, 1975); e Ronald e Juliette Goldman, *Children's Sexual Thinking* (Londres: Routledge, 1982). Sobre a ideia do bebê já dentro do corpo, ver B. Cohen e S. Parker, "Sex information among nursery-school children", em Evelyn e Jerome Oremland (Orgs.), *The Sexual and Gender Development of Young Children: The Role of the Educator* (Cambridge: Ballinger, 1977), pp. 181-90.

12. Ver James Moore e Diane Kendall, "Children's concepts of reproduction", *Journal of Sex Research*, v. 7, pp. 42-61, 1971; Hans Kreitler e Shulamith Kreitler, "Children's concepts of sexuality and birth", *Child Development*, v. 37, pp. 363-78, 1966.

13. Ver Eleanor Galenson e Herman Roiphe, *Infantile Origins of Sexual Identity* (Nova York: IUP, 1981).
14. W. H. Trethowan e M. F. Conlon, "The couvade syndrome", *British Journal of Psychiatry*, v. 111, pp. 57-66, 1965; Robert e Ruth Munroe, "Male pregnancy symptoms and cross-sex identity in three societies", *Journal of Social Psychology*, v. 84, pp. 11-25, 1971. Sobre corpo diminuído, ver J. M. Fawcett, "The relationship between identification and patterns of change in spouse's body image during and after pregnancy", *International Journal of Nursing Studies*, v. 14, pp. 199-213, 1977.
15. Ver Karl e Anne Taylor Fleming, *The First Time* (Nova York: Simon and Schuster, 1975), pp. 80-6.
16. Citado em Harriet Lerner, "Parental mislabeling of female genitals as a determinant of penis envy and learning inhibitions in women", *Journal of the American Psychoanalytic Association*, v. 24, pp. 269-83, 1976.
17. Ver Seymour Fisher, *Sexual Images of the Self: The Psychology of Erotic Sensations and Illusions* (Hillsdale, Nova Jersey: Lawrence Erlbaum, 1989); e a monografia de Heinz-Eugen Schramm sobre o ânus, *L.m.i.A.* (Tübingen: Schlichtenmayer, 1960).
18. Gershon Legman assinalou a relevância das nádegas em *Rationale of the Dirty Joke*, v. 2 (Nova York: Breaking Point, 1975), p. 260. Sobre Legman, ver a biografia de Susan Davis, *Dirty Jokes and Bawdy Songs: The Uncensored Life of Gershon Legman* (Champaign, Illinois: University of Illinois Press, 2019). Num estudo, ao lhes perguntarem "Onde está seu corpo", 43% das crianças apontaram para o bumbum, ver Carl Nils Johnson e Kimberly Kendrick, "Body partonomy: how children partition the human body", *Developmental Psychology*, v. 20, pp. 967-74, 1984.
19. Sigmund Freud, "On the sexual theories of children", op. cit., p. 218; e Gershon Legman, *Rationale of the Dirty Joke*, v. 1 (Nova York: Grove Press, 1968), pp. 256-318.
20. Amber Hollibaugh, *My Dangerous Desires: A Queer Girl Dreaming Her Way Home* (Durham: Duke University Press, 2000), p. 85. Ver também Sharon Thompson, "'Putting a big thing into a little hole': teenage girls' accounts of sexual initiation", *Journal of Sex Research*, v. 27, pp. 341-61, 1990.

21. Andrea Dworkin, "Why so-called radical men love and need pornography", em Laura Lederer (Org.), *Take Back the Night: Women on Pornography* (Nova York: Morrow, 1980), p. 152.
22. Ver Gregory Zilboorg, "Masculine and feminine", *Psychiatry*, v. 7, pp. 257-96, 1941; Karen Horney, "The denial of the vagina", *International Journal of Psychoanalysis*, v. 14, pp. 57-70, 1933; e Ernest Jones, "Early development of female sexuality", *International Journal of Psychoanalysis*, v. 8, pp. 459-72, 1927.
23. Selma Fraiberg, "Tales of the discovery of the secret treasure", *Psychoanalytic Study of the Child*, v. 9, pp. 218-41, 1954.
24. Ver Judith Kestenberg, *Children and Parents: Psychoanalytic Studies of Development* (Nova York: Aronson, 1975), pp. 89, 142.
25. Claude Crépault, *Les Fantasmes: L'Érotisme et la sexualité* (Paris: Odile Jacob, 2007), p. 24.
26. Ver Susan Brownmiller, *Against Our Will: Men, Women and Rape* (Nova York: Bantam, 1975), p. 44.
27. Ver Roxane Gay, "The careless language of sexual violence", em *Bad Feminist* (Nova York: HarperCollins, 2014), pp. 128-36.
28. Ver Gershon Legman, *Rationale of the Dirty Joke*, v. 2, op. cit., p. 720.
29. Sigmund Freud, *The Psychopathology of Everyday Life* (1901), em *The Standard Edition of the Complete Psychological Works of Sigmund Freud*, v. 6 (Londres: Hogarth, 1960), nota de rodapé na p. 181 [ed. bras.: *Psicopatologia da vida cotidiana*, em *Obras completas*, v. 5. São Paulo: Companhia das Letras, 2021.].
30. Ver o importante estudo de Shira Tarrant, *When Sex Became Gender* (Nova York: Routledge, 2006).
31. Ruth Herschberger, *Adam's Rib* (Nova York: Pellegrini and Cudahy, 1948). Sobre Herschberger, ver Shira Tarrant, *When Sex Became Gender*, op. cit.
32. Sobre a educação calcada no gênero, os primeiros estudos ainda são tristemente limitados: Viola Klein, *The Feminine Character* (Londres: Routledge, 1946); B. M. Spinley, *The Deprived and the Privileged* (Londres: Routledge, 1953); Lois Barclay Murphy, *The Widening World of Childhood* (Nova York: Basic Books, 1962); Judith Bardwick (Org.), *Readings on the Psychology of Women* (Nova York:

Harper Row, 1972); Shirley Angrist, "The study of sex roles", *Journal of Social Issues*, v. 25, pp. 215-32, 1969; Eleanor Maccoby and Carol Jacklin, *The Psychology of Sex Differences* (Stanford University Press, 1974); e Lucile Duberman (Org.), *Gender and Sex in Society* (Nova York: Praeger, 1975).
33. Shulamith Firestone, *The Dialectic of Sex* (Nova York: Morrow, 1970), p. 51 [ed. bras.: *A dialética do sexo, um manifesto da revolução feminista*. Trad. de Vera Regina Rabelo Terra. Rio de Janeiro: Editorial Labor do Brasil, 1976].
34. Joan Nestle, "The fem question", em Carole Vance (Org.), *Pleasure and Danger* (Nova York: Routledge, 1984), pp. 232-41.
35. Essa história já se encontra na Bíblia (Números 25:6-15), onde Zimri e Cosbi, copulando, são perfurados pelo sacerdote Fineias.
36. Ver Seymour Fisher, *Development and Structure of the Body Image*, 2 v. (Hillsdale, Nova Jersey: Lawrence Erlbaum, 1986).
37. Ver Edmund Leach, "Anthropological aspects of language: Animal categories and verbal abuse", em Eric Lenneberg (Org.), *New Directions in the Study of Language* (Cambridge, Massachusetts: MIT Press, 1964), pp. 23-63.
38. Ver Wolfgang Lederer, *The Fear of Women* (Nova York: Harcourt, 1968); e Susan Brownmiller, *Against Our Will: Men, Women and Rape*, op. cit.
39. Ver James Moore e Diane Kendall, "Children's concepts of reproduction", op. cit.; Seymour Fisher, *Development and Structure of the Body Image*, op. cit.; e John Gagnon e William Simon, *Sexual Conduct*, op. cit.
40. Seymour Fisher, *Development and Structure of the Body Image*, v. 2, op. cit., p. 632.
41. Levantamento do YouGov (2019) disponível em: <yougov.co.uk/topics/health/articles-reports/2019/03/08/half-brits-dont-know-where-vagina-and-its-not-just>.
42. Judith Kestenberg, "Dr Judith S. Kestenberg talks to Kristina Stanton", *Free Associations*, v. 2, pp. 157-74, 1991.
43. G. G. Gilesetal, "Sexual factors and prostate cancer", *British Journal of Urology International*, v. 92, pp. 211-6, 2003; P. Dimitropoulou et al.,

"Sexual activity and prostate cancer risk in men diagnosed at a younger age", *British Journal of Urology International*, v. 103, pp. 178-85, 2009; e M. F. Leitzmann et al., "Ejaculation frequency and subsequent risk of prostate cancer", *Journal of the American Medical Association*, v. 291, pp. 1578-86, 2004.

44. Ver <www.jostrust.org.uk/node/1073042>; e Vanessa Schick, "Examining the vulva: The relationship between female genital aesthetic perception and gynecological care". University of Massachusetts Amherst, 2010, dissertação.
45. Gershon Legman, *Rationale of the Dirty Joke*, v. 1, op. cit., p. 50.
46. Gershon Legman, *Love and Death* (Nova York: Hacker, 1963).
47. Margaret Atwood, *Murder in the Dark* (Londres: Jonathan Cape, 1984), pp. 47-50.
48. Ver N. Blackman, "Pleasure and touching: Their significance in the development of the pre-school child", em J. M. Samson (Org.), *Proceedings of the International Symposium on Childhood and Sexuality* (Montreal: Vivantes, 1980), pp. 112-24.
49. Ver Garin, "Le Chevalier qui faisait parler les cons et les culs", em *Nocrion, contre Allobroge* (Bruxelas: Gay et Douce, 1881); e Emma Rees, *The Vagina: A Literary and Cultural History* (Nova York: Bloomsbury, 2013).
50. John Gagnon e William Simon, *Sexual Conduct*, op. cit., p. 262.
51. Ibid., p. 56.
52. Ver H. M. Halverson, "Genital and sphincter behavior of the male infant", *Pedagogical Seminary and Journal of Genetic Psychology*, v. 56, pp. 95-136, 1940; e Glenn Ramsey, "The sexual development of boys", *American Journal of Psychology*, v. 56, pp. 217-33, 1943.
53. Ver Floyd Martinson, "Erotism in infancy and childhood", *Journal of Sex Research*, v. 12, pp. 251-62, 1976; e John Gagnon, *Human Sexualities* (Illinois: Scott, Foresman, 1977), p. 135.
54. Ver Claude Crépault, *Les Fantasmes: L'Érotisme et la sexualité*, op. cit., p. 28.
55. Roxane Gay, *Hunger* (Nova York: HarperCollins, 2017), p. 266.
56. Ver Laud Humphreys, *Tearoom Trade: Impersonal Sex in Public Places* (Chicago: Aldine, 1970).

57. Ver Dolf Zillmann, *Connections Between Sexuality and Aggression*, 2. ed. (Nova Jersey: Erlbaum, 1998), p. 195; G. Norton e D. Jehu, "The role of anxiety in sexual dysfunction: A review", *Archives of Sexual Behavior*, v. 2, pp. 165-83, 1984; D. G. Dutton e A. P. Aron, "Some evidence for heightened sexual attraction under conditions of high anxiety", *Journal of Personality and Social Psychology*, v. 30, pp. 510-1, 1974); David Barlow, "The role of anxiety on sexual arousal", *Archives of Sexual Behavior*, v. 19, pp. 569-81, 1990; David Barlow, "Causes of sexual dosfunction: The role of anxiety and cognitive interference", *Journal of Consulting and Clinical Psychology*, v. 54, pp. 140-8, 1986; Valerie Hale e Donald Strassberg, "The role of anxiety on sexual arousal", op. cit.; e Magnus Hirschfeld, *The Sexual History of the World War* (Nova York: Cadillac, 1941), p. 76.
58. Ver Philip Sarrel e William Masters, "Sexual molestation of men by women", *Archives of Sexual Behavior*, v. 11, pp. 117-31, 1982; David Barlow et al., "Anxiety increases sexual arousal", *Journal of Abnormal Psychology*, v. 92, pp. 49-54, 1983; e David Barlow, "Causes of sexual dysfunction: The role of anxiety and cognitive interference", op. cit.
59. Ver Eleanor Galenson e Herman Roiphe, *Infantile Origins of Sexual Identity*, op. cit., p. 250.
60. Ver <www.pornhub.com/insights/coronavirus>; e Fabio Zattoni et al., "The impact of covid-19 pandemic on pornography habits: A global analysis of Google Trends", *Sexual Medicine Journal*, v. 33, pp. 824-31, 2021.
61. Ver Seymour Fisher, *Sexual Images of the Self*, op. cit.; Seymour Fisher, *Development and Structure of the Body Image*, op. cit., v. 1, pp. 27-32; e D. W. Briddell et al., "Effects of alcohol and cognitive set on sexual arousal to deviant stimuli", *Journal of Abnormal Psychology*, v. 87, pp. 418-30, 1978.
62. Ver A. B. Heilbrun e D. T. Seif, "Erotic value of female distress in sexually explicit photographs", *Journal of Sex Research*, v. 24, pp. 47-57, 1988. Para o estudo que usou álcool, ver D. W. Briddell et al., "Effects of alcohol and cognitive set on sexual arousal to deviant stimuli", op. cit.

63. Para a diferença entre orgasmo e ejaculação, ver Mina Robbins e Gordon Jensen, "Multiple orgasm in males", em Robert Gemme e Connie Christine Wheeler (Orgs.), *Progress in Sexology* (Nova York: Plenum, 1977), pp. 323-8; Alfred Kinsey et al., *Sexual Behavior in the Human Male*, op. cit., pp. 179-80; e Marian Dunn e J. E. Trost, "Male multiple orgasms: A descriptive study", *Archives of Sexual Behavior*, v. 18, pp. 377-87, 1989. Lawrence, ver Seymour Fisher, *The Female Orgasm* (Nova York: Basic Books, 1973), p. 382.
64. Ver Warren Gadpaille, *The Cycles of Sex*, op. cit., pp. 170-1, 297.
65. Jack Morin, *The Erotic Mind* (Nova York: Harper Perennial, 1996), p. 197 [ed. bras.: *A mente erótica: Descobrindo as fontes internas da paixão e satisfação sexuais*. Trad. de Alexandre Jordão. Rio de Janeiro: Rocco, 1997].
66. Ver Martin Seehuus et al., "On the content of 'real world' sexual fantasy: Results from an analysis of 250,000+ anonymous text-based erotic fantasies", *Archives of Sexual Behavior*, v. 48, pp. 725-37, 2019.
67. Ver Shira Tarrant, *The Pornography Industry*, op. cit., p. 91.
68. John Gagnon e William Simon, *Sexual Conduct*, op. cit., p. 263.
69. Robert Stoller, *Sexual Excitement* (Nova York: Routledge, 1979), p. 67 [ed. bras.: *Excitação sexual: Dinâmica da vida erótica*. Trad. de Aydano Arruda. São Paulo: Ibrasa, 1981]; Marta Meana, "Elucidating women's (hetero)sexual desire: Definitional challenges and content expansion", *Journal of Sex Research*, v. 47, pp. 104-22, 2010; Marie Darrieussecq, *A Brief Stay With the Living* (Londres: Faber and Faber, 2003), pp. 93-5; e Anna Clark, *Desire: A History of European Sexuality*, 2. ed. (Londres: Routledge, 2019).
70. Ver John Gagnon e William Simon, *Sexual Conduct*, op. cit.; e John Gagnon, *An Interpretation of Desire* (Chicago: University of Chicago Press, 2004).
71. Clellan Ford e Frank Beach, *Patterns of Sexual Behavior*, op. cit.; Donald Marshall e Robert Suggs (Orgs.), *Human Sexual Behavior*, op. cit.; Frank Beach (Org.), *Human Sexuality in Four Perspectives*, op. cit.; e Caroline Brettell e Carolyn Sargent, *Gender in Cross-cultural Perspective* (Nova York: Routledge, 2016).
72. Ver John Gagnon, *Human Sexualities*, op. cit., p. 129. Asfixia, ver R. W. Byard e N. H. Bramwell, "Autoerotic death in females: An under-

diagnosed syndrome?", *American Journal of Forensic Medical Pathology*, v. 9, 1988, pp. 252-4; Claude Crépault, *Les Fantasmes: L'Érotisme et la sexualité*, op. cit., p. 28; Helene Deutsch, *The Psychology of Women*, v. 1 (Nova York: Grune and Stratton, 1944), pp. 176, 344; R. E. Litman e C. Swearingen, "Bondage and suicide", *Archives of General Psychiatry*, v. 27, pp. 80-5, 1972; Anny Sauvageau e Stéphanie Racette, "Autoerotic deaths in the literature from 1954 to 2004: A review", *Journal of Forensic Science*, v. 51, pp. 140-6, 2006; e Park Dietz, "Recurrent discovery of autoerotic asphyxia", em Robert Hazewood et al. (Orgs.), *Autoerotic Fatalities* (Lexington: D. C. Heath, 1983), pp. 13-44.

73. Ver *The School of Venus or the Ladies Delight* (Londres, 1680); Thomas Nashe, *Choise of Valentines or the Merie Ballad of Nashe His Dildo* (1592--1593), org. de John Farmer (Londres, 1899).

74. Alfred Kinsey et al., *Sexual Behavior in the Human Male*, op. cit.; e Seymour Fisher, *The Female Orgasm*, op. cit. Jenny Higgins e Irene Browne, "Sexual needs, control, and refusal: How 'doing' class and gender influences sexual risk-taking", *Journal of Sexual Research*, v. 45, pp. 233-45, 2008.

75. L. Van der Weck-Erlen, *Das goldene Buch der Liebe* (Viena: Stern, 1907), v. 2; e Sigmund Freud, *Three Essays on the Theory of Sexuality*, em *The Standard Edition of the Complete Psychological Works of Sigmund Freud*, v. 7 (Londres: Hogarth, 1955) [ed. bras.: *Três ensaios sobre a teoria da sexualidade*, em *Obras completas*, v. 6. São Paulo: Companhia das Letras, 2016.]. Sobre trens, ver Donald Levine (Org.), *Simmel: Individuality and Social Forms* (Chicago: University of Chicago Press, 1971); e Iwan Bloch, *Die Prostitution*, v. 2 (Berlim: Marcus, 1925).

76. Margaret Mead, *Male and Female* (Nova York: Morrow, 1949), p. 266 [ed. bras.: *Macho e fêmea: Um estudo dos sexos num mundo em transformação*. Trad. de Margarida M. Moura e Beatriz Silveira Castro Filgueira. Petrópolis: Vozes, 2020].

77. Sobre barreiras de classe, ver Murray Davis, *Smut* (Chicago: University of Chicago Press, 1983), p. 19. Sobre o meio pornográfico, ver Joseph Slade, "Pornographic theaters off Times Square", em Ray Rist (Org.), *The Pornography Controversy* (Nova Jersey: Transaction, 1975), pp. 119-39.

78. Ver Seymour Fisher, *The Female Orgasm*, op. cit.; Robert Muchembled, *Orgasm and the West: A History of Pleasure from the Sixteenth Century to the Present* (Cambridge: Polity, 2008) [ed. bras.: *O orgasmo e o Ocidente: Uma história do prazer do século XVI a nossos dias*. Trad. de Monica Stahel. São Paulo: WMF Martins, 2007]; e Gérard Pommier, *What Does It Mean to "Make Love"?* (Londres: Routledge, 2023).
79. William Masters e Virginia Johnson, *Human Sexual Response*, op. cit., pp. 56-67. Sobre o modelo linear de Masters e Johnson, ver Rosemary Basson, "Women's sexual desire — disordered or misunderstood?", *Journal of Sex and Marital Therapy*, v. 28, pp. 17-28, 2002. Emily Opperman et al., "'It feels so good it almost hurts': Young adults' experience of orgasm and sexual pleasure", *Journal of Sex Research*, v. 51, pp. 503-15, 2014.
80. Celia Roberts et al., "Faking it: The story of 'Ohh!'", *Women's Studies International Forum*, v. 18, pp. 523-32, 1995; e C. L. Muehlenhard e S. K. Shippee, "Men and women's reports of pretending orgasm", *Journal of Sex Research*, v. 47, pp. 552-67, 2010. Marie Darrieussecq, *Simulatrix* (Paris: Les Inrockuptibles, 2003). O fingimento foi visto por séculos como parte fundamental da participação feminina no sexo: Ferrante Pallavicino, *The Whore's Rhetorik* (1683) (Nova York: Astor-Honor, 1961).
81. Bernard Apfelbaum, "Sexual reality and how we dismiss it", disponível em: <egoanalysisessays.wordpress.com/2016/09/26/sexual-reality-and-how-we-dismiss-it>.
82. Morton Hunt, *Sexual Behavior in the 1970s* (Chicago: Playboy, 1974), p. 160.
83. Marjorie Brierley, "Specific determinants in feminine development", *International Journal of Psychoanalysis*, v. 17, pp. 163-80, 1936. Sigmund Freud, "On the sexual theories of children", op. cit., pp. 216.
84. William Masters e Virginia Johnson, *Human Sexual Response*, op. cit. Ver comentário em Paul Robinson, *The Modernization of Sex* (Nova York: Harper and Row, 1976) [ed. bras.: *A modernização do sexo*. Rio de Janeiro: Civilização Brasileira, 1977]. Mary Jane Sherfey, *The Nature and Evolution of Female Sexuality* (Nova York: Random

House, 1966); e Inge e Sten Hegeler, *ABZ of Love* (Nova York: Medical Press, 1963). Shere Hite, *The Hite Report* (Nova York: Macmillan, 1976) [ed. bras.: *O relatório Hite*. Trad. de Ana Cristina Cesar. São Paulo: Bertrand Brasil, 1987].

85. Philippe Charlier et al., "A brief history of the clitoris", *Archives of Sexual Behavior*, v. 49, pp. 47-8, 2020. Note-se quantas ideias atribuídas a Masters e Johnson sobre o clitóris tinham sido elaboradas muito antes. Félix Roubaud, *Traité de l'impuissance et de la sterilité chez l'homme et chez la femme* (Paris: Baillière, 1855); e Heinrich Kisch, *The Sexual Life of Woman in its Physiological, Pathological and Hygienic Aspects* (Nova York: Rebman, 1910).
86. Ver Dolf Zillmann, *Connections between Sexuality and Aggression*, op. cit., p. 103; Beverly Whipple et al., "Physiological correlates of imagery-induced orgasm in women", *Archives of Sexual Behavior*, v. 21, 1992, pp. 121-33; e R. J. Lewin e G. Wagner, "Self-reported central sexual arousal without vaginal arousal — duplicity or veracity revealed by objective measurement", *Journal of Sex Research*, v. 23, pp. 540-4, 1987. Sobre o intervalo de dois a quatro segundos, ver Zella Luria e Mitchel Rose, *Psychology of Human Sexuality* (Chichester: Wiley, 1979), p. 178.
87. Ver Seymour Fisher, *Sexual Images of the Self*, op. cit., p. 64.
88. Carol Queen, *Real Live Nude Girl* (San Francisco: Cleis, 1997), p. 91.
89. Sobre os percentuais e crítica de Masters e Johson, ver Carol Butler, "New data about female sexual response", *Journal of Sex and Marital Therapy*, v. 2, 1976, pp. 40-6; Mary Jo Sholty et al., "Female orgasmic experience: A subjective study", *Archives of Sexual Behavior*, v. 13, pp. 155-64, 1984; e P. M. Bentler e W. H. Peeler, "Models of female orgasm", *Archives of Sexual Behavior*, v. 8, pp. 405-23, 1979.
90. Ruth Herschberger, *Adam's Rib*, op. cit., p. 124; Selma Fraiberg, "Some characteristics of genital arousal and discharge in latency girls", *Psychoanalytic Study of the Child*, v. 27, pp. 439-75, 1972.
91. Ver Seymour Fisher, *The Female Orgasm*, op. cit., pp. 300, 311-3.
92. Ver Gerda de Bruijn, "From masturbation to orgasms with a partner: How some women bridge the gap — and why others don't", *Journal of Sex and Marital Therapy*, v. 8, pp. 151-67, 1982; K. McPhillips et al.,

"Defining (hetero)sex: How imperative is the 'coital imperative'?", *Women's Studies International Forum*, v. 24, pp. 229-40, 2001.
93. Josephine e Irving Singer, "Types of female orgasm", *Journal of Sex Research*, v. 8, pp. 255-67, 1972.
94. Doris Lessing, *The Golden Notebook* (Nova York: Simon and Schuster, 1962), p. 179 [ed. bras.: *O caderno dourado*. Trad. de Sonia Coutinho e Ebreia de Castro Alves. São Paulo: Abril Cultural, 1985].
95. Ver Stephanie Theobald, *Sex Drive* (Londres: Unbound, 2017), p. 117.
96. Edrita Fried, *The Ego in Love and Sexuality* (Nova York: Grune and Stratton, 1960), p. 41. Edith Jacobson, *Depression* (Nova York: IUP, 1971), p. 253.
97. Anaïs Nin, *Delta of Venus* (Londres: Penguin, 2000), pp. 28-48 [ed. bras.: *Delta de Vênus: Histórias eróticas*. Trad. de Lúcia Brito. Porto Alegre: L&PM, 2005].
98. Ver Bernard Apfelbaum, "Sexual reality and how we dismiss it", op. cit.
99. Ver Friedrich Karl Forberg, *Manual of Classical Erotology* (Manchester: Julian Smithson, 1884), p. 34.
100. Ver Abraham Freedman, "Psychoanalytic study of an unusual perversion", *Journal of the American Psychoanalytic Association*, v. 26, 1978, pp. 749-77.
101. Gershon Legman, *Rationale of the Dirty Joke*, v. 2, op. cit., p. 8.
102. Ver Seymour Fisher, *Development and Structure of the Body Image*, v. 1, op. cit.; e E. Goodenough Pitcher e E. Prelinger, *Children Tell Stories: An Analysis of Fantasy* (Nova York: IUP, 1963).
103. Ver William Domhoff, *The Bohemian Grove and Other Retreats: A Study in Ruling Class Cohesiveness* (Nova York: Harper and Row, 1974).
104. Ver Seymour Fisher, *Development and Structure of the Body Image*, v. 1, op. cit., p. 102.
105. Ver Barry Reay e Kim M. Phillips, *Sex Before Sexuality: A Premodern History* (Cambridge: Polity, 2011), p. 51.
106. Gershon Legman, *Rationale of the Dirty Joke*, v. 1, op. cit., p. 623.
107. Selma Fraiberg, "Enlightenment and confusion", *Psychoanalytic Study of the Child*, v. 6, pp. 325-35, 1951.
108. Margaret Mead, *Male and Female*, op. cit., p. 116.

109. Compare-se com a reportagem do *Boston Globe*, em 14 de março de 1976, segundo a qual 60% dos clientes de garotas de programa de alto nível são figuras políticas em busca de flagelação enquanto são mantidas dominadas.
110. Sterling North, "A national disgrace", *Chicago Daily News*, 8 maio 1940.
111. Ver R. L. Munroe et al., "Male sex-role resolutions", em Ruth Munroe et al. (Orgs.), *Handbook of Cross-Cultural Human Development*, op. cit., pp. 611-32.
112. Clellan Ford e Frank Beach, *Patterns of Sexual Behavior*, op. cit., p. 263.
113. Ver John Gagnon e William Simon, *Sexual Conduct*, op. cit., p. 264; Albert Reiss, "The social integration of queers and peers", *Social Problems*, v. 9, pp. 102-20, 1961; e Laud Humphreys, *Tearoom Trade: Impersonal Sex in Public Places*, op. cit.
114. Stephanie Theobald, *Sex Drive*, op. cit. Shere Hite, *The Hite Report*, op. cit., p. 141.
115. Deirdre English, Amber Hollibaugh e Gayle Rubin, "Talking sex: A conversation on sexuality and feminism", *Feminist Review*, v. 11, pp. 40-52, 1982. Ver também a discussão recente em Amia Srinivasan, *The Right to Sex* (Londres: Bloomsbury, 2021), pp. 73-122.
116. Ver Michel Foucault, *The History of Sexuality* (Nova York: Pantheon, 1978) [ed. bras.: *História da sexualidade*, 3 v. Trad. de Maria Thereza da Costa Albuquerque. Rio de Janeiro: Graal, 1985]; Jonathan Katz, *The Invention of Heterosexuality* (Nova York: Penguin, 1995) [ed. bras.: *A invenção da heterossexualidade*. Trad. de Clara Fernandes. Rio de Janeiro: Ediouro, 1996]; David Halperin, "Forgetting Foucault: Acts, identity and the history of sexuality", em Kim M. Phillips e Barry Reay (Orgs.), *Sexualities in History* (Nova York: Routledge, 2002), pp. 42-68; e Sarah Salih, "Sexual identities: A medieval perspective", em Tom Betteridge (Org.), *Sodomy in Early Modern Europe* (Manchester: Manchester University Press, 2002), pp. 121-30. Contrariando as ideias da fluidez primitiva dos gêneros, observe-se que desejar uma mulher podia ser apresentado como defesa nos processos por sodomia;

ver Iwan Bloch, *Sexual Life in England, Past and Present* (Londres: Aldor, 1938), p. 334.

117. Ver Friedrich Karl Forberg, *Manual of Classical Erotology*, op. cit., p. 53; David Halperin, *How to Do the History of Male Homosexuality* (Chicago: University of Chicago Press, 2002); e John Winkler, *The Constraints of Desire* (Nova York: Routledge, 1990), pp. 45-70.

118. Ver Vern Bullough, *Sexual Variance in Society and History* (Nova York: Wiley, 1976); e Mark Jordan, *The Invention of Sodomy in Christian Theology* (Chicago: University of Chicago Press, 1997).

119. Ver John Gagnon e William Simon, *Sexual Conduct*, op. cit.; Khaled El-Rouayhea, *Before Homosexuality in the Arab-Islamic World 1500-1800* (Chicago: University of Chicago Press, 2005); Carrol Smith-Rosenberg, "The female world of love and ritual: Relations between women in nineteenth-century America", *Signs*, v. 9, pp. 1-29, 1985; Valerie Traub, *The Renaissance of Lesbianism in Early Modern England* (Cambridge: Cambridge University Press, 2002); Barry Reay e Kim M. Phillips, *Sex Before Sexuality*, op. cit.; Martha Vicinus, *Intimate Friends: Women Who Loved Women, 1778--1928* (Chicago: University of Chicago Press, 2004); e Alan Bray, *Homosexuality in Renaissance England* (Nova York: Columbia University Press, 1995).

120. Ver Gilbert Herdt (Org.), *Ritualized Homosexuality in Melanesia* (Berkeley, Califórnia: University of California Press, 1984); Bruce Knauft, *South Coast New Guinea Cultures* (Cambridge: Cambridge University Press, 1993); Gilbert Herdt, *The Sambia: Ritual, Sexuality, and Change in Papua New Guinea* (Belmont: Wadsworth, 2006); David Greenberg, *The Construction of Homosexuality* (Chicago: University of Chicago Press, 1988); e Bruce Knauft, "Whatever happened to ritualised homosexuality? Modern sexual subjects in Melanesia and elsewhere", *Annual Review of Sex Research*, v. 14, pp. 137-59, 2003.

121. Merle Miller, "What it means to be a homossexual", *New York Times Magazine*, 17 jan. 1971.

122. Ver Edrita Fried, *The Ego in Love and Sexuality*, op. cit., p. 102; e John Gagnon e William Simon, *Sexual Conduct*, op. cit., p. 135.

123. Margaret Mead, *Male and Female*, op. cit.; e Clellan Ford e Frank Beach, *Patterns of Sexual Behavior*, op. cit., pp. 262-3.
124. Ver John Gagnon e William Simon, *Sexual Conduct*, op. cit.; e Carol Queen e Lawrence Schimel (Orgs.), *PoMoSexuals: Challenging Assumptions about Gender and Sexuality* (San Francisco: Cleis, 1997).
125. D. Travers Scott, "Le Freak, c'est chic! Le fag, quelle drag!", em Carol Queen e Lawrence Schimel (Orgs.), *PoMoSexuals: Challenging Assumptions About Gender and Sexuality*, op. cit., pp. 62-8.
126. Miquel Missé, *The Myth of the Wrong Body* (Cambridge: Polity, 2022); e Joanne Meyerowitz, *How Sex Changed: A History of Transsexuality in the United States* (Cambridge, Massachusetts: Harvard University Press, 2004).
127. Ronald e Juliette Goldman, *Children's Sexual Thinking*, op. cit.; revista *Fortune* (outono 1946); e Margaret Mead, *Male and Female*, op. cit., p. 247.
128. Ver Geneviève Morel, *The Law of the Mother* (Londres: Routledge, 2018).
129. Ver Wayland Young, *Eros Denied*, op. cit. Phyllis e Eberhard Kronhausen chegaram à mesma conclusão a respeito dos dildos em *The Sexually Responsive Woman* (Nova York: Ballantine, 1965) e em *Erotic Fantasies: A Study of the Sexual Imagination* (Nova York: Grove Press, 1969), pp. 325-6. Anne Lister salientou que "pensava em usar o falo com a amiga", ver <wyascatablogue.wordpress.com>.
130. Ver Joan Nestle, "The fem question", em Carole Vance (Org.), *Pleasure and Danger*, op. cit., pp. 232-41.
131. Ver Gershon Legman, *Rationale of the Dirty Joke*, v. 2, op. cit., pp. 140-83.
132. Ver Magnus Hirschfeld, *The Sexual History of the World War*, op. cit., p. 82.
133. Donald Marshall e Robert Suggs (Orgs.), *Human Sexual Behavior*, op. cit., p. 81.
134. Ver John Aubrey, *Brief Lives*, org. de John Collier (Londres: Peter Davies, 1931), pp. 42-3.
135. Ver Allen Edwardes, *Erotica Judaica* (Nova York: Julian Press, 1967).
136. Ver D. G. Dutton e A. P. Aron, "Some evidence for heightened sexual attraction under conditions of high anxiety", op. cit.

137. Ver Gershon Legman, *Oral Techniques in Sexual Intercourse* (Nova York: Julian, 1969); Martin Monto, "Prostitution and fellatio", *Journal of Sex Research*, v. 38, pp. 140-5, 2001; Laud Humphreys, *Tearoom Trade*, op. cit., pp. 51-2; e Barry Eleano e Vern Bullough, *An Annotated Bibliography of Prostitution* (Nova York: Garland, 1976).

138. Ver o poema de Rochester "The Wish", de 1680, no qual ele se imagina um espermatozoide no útero: *"There steep'd in Lust, nine months I wou'd remain/Then boldly fuck my Passage out again"* ["Imerso em lascívia, por nove meses ali ficaria/ E então, ousado, pela passagem mais uma vez sairia"].

139. Ver Susan Brownmiller, *Against Our Will: Men, Women and Rape*, op. cit., pp. 327-9.

140. É famoso o conselho de Helen Gurley Brown para que as mulheres espalhassem sêmen no rosto, como parte de seu regime de cuidados com a pele: ver <slate.com>, 7 abr. 2000.

141. Ver "Thinking sex: Notes for a radical theory of the politics of sexuality", em Carole Vance (Org.), *Pleasure and Danger*, op. cit., pp. 267-319.

142. Sobre o que Henrietta Moore chama de "física circulatória" do leite materno e do sêmen, ver seu livro *The Subject of Anthropology* (Cambridge: Polity, 2007) e também Richard Sterba, *Introduction to the Psychoanalytic Theory of Libido* (Nova York: Nervous and Mental Disease Monographs, 1942).

143. Ver Steven Strager, "What men watch when they watch pornography", *Sexuality and Culture*, v. 7, pp. 50-61, 2003; Lea Seguin et al., "Consuming ecstasy: Representations of male and female orgasm in mainstream pornography", *Journal of Sex Research*, v. 55, pp. 348--56, 2018.

144. Ver Gershon Legman, *Oral Techniques in Sexual Intercourse*, op. cit., p. 312; e Gershon Legman, *The Horn Book* (Nova York: University Books, 1964), pp. 443-4.

145. Ver Donald Marshall e Robert Suggs, *Human Sexual Behavior*, op. cit., p. 118.

146. Gustave Witkowski, *Tetoniana: Les Seins dans l'Histoire*, 4 v. (Paris: Maloine, 1898-1907).

147. Ver Gershon Legman, *Rationale of the Dirty Joke*, v. 2, op. cit., pp. 704-10; e Nancy Vickers, "Members only: Marot's anatomical blazons", em David Hillman e Carla Mazzio (Orgs.), *The Body in Parts: Fantasies of Corporeality in Early Modern Europe* (Londres: Routledge, 1997), pp. 3-22.
148. Jack Litewka, "The Socialized Penis", *Liberation*, pp. 16-24, mar. 1974, e em repetidas antologias.
149. Ovídio, *Ars Amatoria*, livro II, linhas 683-4 [ed. bras.: *Arte de amar*. Trad. de Natália Correia e David Mourão-Ferreira. São Paulo: Ars Poetica, 1993].
150. Ver Lowndes Sevely e J. W. Bennett, "Concerning female ejaculation and the female prostate", *Journal of Sex Research*, v. 14, pp. 1-20, 1978; e Amy Gilliland, "Women's experiences of female ejaculation", *Sexuality and Culture*, v. 13, pp. 121-34, 2009.
151. Ver Gregory Zilboorg, "Some observations on the transformations of instincts", *Psychoanalytic Quarterly*, v. 7, pp. 1-24, 1938.
152. Ver Gregory Zilboorg, "Some observations on the transformations of instincts", op. cit.; Sandor Lorand, "Contribution to the problem of the vaginal orgasm", *International Journal of Psychoanalysis*, v. 20, pp. 434-8, 1939; Marjorie Brierley, "Specific determinants in feminine development", op. cit.; e Marie Darrieussecq, *All the Way* (Melbourne: Text Publishing, 2013), p. 197. Para Melanie Klein, a atividade vaginal é iniciada pela frustração oral: ver *The Psycho-Analysis of Children* (1932) (Londres: Hogarth, 1975), pp. 196-7 [ed. bras.: *Psicanálise da criança*. Trad. de Pola Civelli. São Paulo: Mestre Jou, 1975].
153. Selma Fraiberg, "Some characteristics of genital arousal and discharge in latency girls", op. cit.; e Phyliss Greenacre, "Special problems of early female sexual development", *Psychoanalytic Study of the Child*, v. 5, pp. 122-38, 1950.
154. Ver Amy Lykins e James Cantor, "Vorarephila: A case study in masochism and erotic consumption", *Archives of Sexual Behavior*, v. 43, pp. 181-6, 2014.
155. Ver Daphne e Charles Maurer, *The World of the Newborn* (Nova York: Basic Books, 1988), p. 95.

156. Ver Gisèle Chaboudez, *What Can We Know about Sex?* (Londres: Routledge, 2022).
157. Ver John Gagnon e William Simon, *Sexual Conduct*, op. cit., p. 100.
158. Ver Paul Abramson e Mindy Mechanic, "Sex and the media: Three decades of best-selling books and motion pictures", *Archives of Sexual Behavior*, v. 12, 1983, pp. 185-206.
159. Ver Lori Heise, "Violence, sexuality and women's lives", em Richard Parker e John Gagnon (Orgs.), *Conceiving Sexuality* (Nova York: Routledge, 1995), pp. 109-34; Katherine Angel, *Tomorrow Sex Will Be Good Again* (Londres: Verso, 2021); Jennifer Bennice et al., "Marital rape: History, research and practice", *Trauma, Violence and Abuse*, v. 4, pp. 228-46, 2016; e J. Campbell e Peggy Alford, "The dark consequences of marital rape", *American Journal of Nursing*, v. 89, pp. 946-9, 1989.
160. Sobre falsa autonomia e capitalismo na sexualidade, ver Martha McCaughey e Christina French, "Women's sex-toy parties: Technology, orgasm and commodification", *Sexuality and Culture*, v. 3, pp. 76-96, 2001.
161. Ver Karl e Anne Taylor Fleming, *The First Time*, op. cit., p. 44.
162. Carol Queen assinala que até os atuais protocolos do "sexo seguro" derivam, em parte, da comunidade sadomasoquista: ver *Real Live Nude Girl*, op. cit., pp. 126-9.
163. Karin Stephen, *Psychoanalysis and Medicine* (Cambridge: Cambridge University Press, 1933), pp. 142, 152, 157.
164. Amber Hollibaugh, *My Dangerous Desires*, op. cit., p. 252.
165. Ver Seymour Fisher, *Sexual Images of the Self*, op. cit.
166. Essa leitura foi sugerida por Wayland Young, *Eros Denied*, op. cit., p. 96.
167. Edrita Fried, *The Ego in Love and Sexuality*, op. cit., p. 150.
168. Ruth Herschberger, *Adam's Rib*, op. cit., p. 102.
169. Ver Bernard Apfelbaum, "Sexual functioning reconsidered", em Robert Gemme e Connie Christine Wheeler (Orgs.), *Progress in Sexology*, op. cit., pp. 93-100.
170. Ver Jeffrey Moussaieff Masson (Org.), *The Complete Letters of Sigmund Freud to Wilhelm Fliess* (Cambridge, Massachusetts: Harvard

University Press, 1985), p. 364 [ed. bras.: *A correspondência completa de Sigmund Freud para Wilhelm Fliess, 1887-1904*. Trad. de Vera Ribeiro. Rio de Janeiro: Imago, 1986].

171. Ver Erica Fried, *The Ego in Love and Sexuality*, op. cit., pp. 135-6, 157-8.

172. Ver Donald Marshall e Robert Suggs (Orgs.), *Human Sexual Behavior*, op. cit.; e Judith Kestenberg, *Children and Parents*, op. cit.

173. Essa fantasia fica clara na ideia de Sade de encher a genitália feminina a ponto de ela estourar, em *120 Days of Sodom* (Paris: Girodias, 1954), p. 302 [ed. bras.: *Os 120 dias de Sodoma, ou A escola da libertinagem*. Trad. de Alain François. São Paulo: Iluminuras, 2006], e no exemplo aterrorizante relatado por Susan Brownmiller em *Against Our Will: Men, Women and Rape*, op. cit., p. 116.

174. Ver Seymour Fisher, *Sexual Images of the Self*, op. cit., pp. 133-6; Eileen Zurbriggen e Megan Yost, "Power, desire and pleasure in sexual fantasies", *Journal of Sex Research*, v. 41, pp. 288-300, 2004; Cindy Meston e David Buss, "Why humans have sex", *Archives of Sexual Behavior*, v. 36, pp. 477-507, 2007; e Shira Tarrant, *The Pornography Industry*, op. cit., p. 71.

175. Ver Christine Cabrera e Dana Menard, "'She exploded into a million pieces': A qualitative and quantitative analysis of orgasms in contemporary romance novels", *Sexuality and Culture*, v. 17, pp. 193-212, 2012.

176. Ver Donald Marshall e Robert Suggs (Orgs.), *Human Sexual Behavior*, op. cit., p. 123.

177. Ver I. S. Arafat e W. L. Cotton, "Masturbation practices of males and females", *Journal of Sex Research*, v. 10, pp. 293-307, 1974.

178. Ver Claude Crépault, "Men's erotic fantasies", *Archives of Sexual Behavior*, v. 9, pp. 565-81, 1980.

179. Ver Nancy Friday, *Men in Love* (Nova York: Bantam, 1980) [ed. bras.: *O homem e o amor*. Trad. de O. Rodrigues de Lemos. São Paulo: Difel, 1981].

180. Ver Claude Crépault, *Les Fantasmes: L'Érotisme et la sexualité*, op. cit., p. 151.

181. Ver Theodor Reik, *Masochism in Modern Man* (Nova York: Grove Press, 1941); e Claude Crépault, *Les Fantasmes: L'Érotisme et la sexualité*, op. cit., p. 178.
182. "A special type of choice of object made by men" (1910), em *The Standard Edition of the Complete Psychological Works of Sigmund Freud*, v. 11 (Londres: Hogarth, 1957), pp. 165-75 [ed. bras.: "Um tipo especial de escolha de objeto feita pelo homem", em *Obras completas*, v. 9. São Paulo: Companhia das Letras, 2013.].
183. Ver Claude Crépault, *Les Fantasmes: L'Érotisme et la sexualité*, op. cit., pp. 46-50, 151.
184. Ver Nancy Friday, *My Secret Garden* (Londres: Virago, 1975) [ed. bras.: *Meu jardim secreto*. Trad. de Mario Molina. Rio de Janeiro: Record, 1987].
185. Ver Barbara Hariton e Jerome Singer, "Women's fantasies during sexual intercourse", *Journal of Counselling and Clinical Psychology*, v. 42, pp. 313-22, 1974; M. H. Hollender, "Women's phantasies during sexual intercourse", *Archives of General Psychiatry*, v. 8, pp. 86-90, 1962; e Theodor Reik, *Sex in Man and Woman* (Nova York: Bantam, 1967).
186. Ver Paula Webster, "Eroticism and taboo", em David Steinberg (Org.), *The Erotic Impulse* (Nova York: Tarcher, 1992), pp. 129-41; Barbara Hariton, "The sexual fantasies of women", *Psychology Today*, v. 6, pp. 39-44, 1973; J. W. Critelli e J. M. Bivona, "Women's erotic rape fantasies: An evaluation of theory and research", *Journal of Sex Research*, v. 45, pp. 57-70, 2008; David Strassberg e Lisa Lockerd, "Force in women's sexual fantasies", *Archives of Sexual Behavior*, v. 27, pp. 403-14, 1998; Marta Meana, "Elucidating women's (hetero) sexual desire: definitional challenges and content expansion", op. cit., pp. 104-22; D. Knafo e Y. Jaffe, "Sexual fantasizing in males and females", *Journal of Research in Personality*, v. 18, pp. 451-62, 1984; Susan Bond e D. L. Mosher, "Guided imagery of rape: Fantasy, reality, and the willing victim myth", *Journal of Sex Research*, v. 22, pp. 162-83, 1986; e Eileen Zurbriggen e Megan Yost, "Power, desire and pleasure in sexual fantasies", op. cit.
187. Sobre fantasias de estupro como efeito do patriarcado, ver Susan Brownmiller, *Against Our Will: Men, Women and Rape*, op. cit., p. 359.

Sobre fantasia de estupro como mero "exagero da realidade", ver Helene Deutsch, *The Psychology of Women*, v. 1, op. cit., p. 276. Curiosamente, apesar do superinvestimento social, jurídico e psicológico na criança do sexo masculino, em muitas sociedades os meninos raras vezes estão presentes como figuras sexuais na fantasia feminina.
188. Amber Hollibaugh e Cherrie Moraga, "What we're rollin' around in bed with", *Heresies*, v. 12, pp. 58-62, 1981.
189. Carole Vance, "Pleasure and danger: Towards a politics of sexuality", em Carole Vance (Org.), *Pleasure and Danger*, op. cit., p. 7.
190. Nancy Friday, *My Secret Garden*, op. cit., p. 280.
191. Em Karl Anne Taylor Fleming, *The First Time*, op. cit., p. 48.
192. Ver William e Jerrye Breedlove, *Swap Clubs* (Los Angeles: Sherbourne, 1964); e Gilbert Bartell, *Group Sex* (Nova York: New American Library, 1971) [ed. bras.: *Amor em grupo*. Rio de Janeiro: Artenova, 1971].
193. Ver Gérard Pommier, "Le 'Père incestueux' dans l'hysterie: Remarques sur le traumatisme 'sexuel'", *La Clinique Lacanienne*, v. 2, pp. 195-211, 2000; e Judith Kestenberg, *Children and Parents*, op. cit.
194. Ver Shira Tarrant, *The Pornography Industry*, op. cit., p. 95.
195. Claude Crépault, *Les Fantasmes: L'Érotisme et la sexualité*, op. cit., p. 156.
196. Robert Stoller, *Sexual Excitement*, op. cit., p. 26. Infelizmente, muito da psicanálise lacaniana glorifica de maneira implícita o sacrifício feminino, fazendo do ato de Medeia ao matar os filhos o supremo "ato feminino". Mas será isso mais feminino do que, digamos, não pedir sobremesa?
197. Ver entrevista em Karl e Anne Taylor Fleming, *The First Time*, op. cit., p. 128.
198. Note-se que muito da pornografia impressa dos séculos XVII e XVIII aparece sob a forma de diálogos entre duas mulheres, com uma figura parental permissiva transmitindo a mensagem de que o sexo é uma atividade legítima, da qual se tem todo o direito de desfrutar.
199. Paula Webster, "Eroticism and taboo", em David Steinberg (Org.), *The Erotic Impulse*, op. cit., pp. 129-41.

200. Sallie Tisdale, *Talk Dirty to Me* (Nova York: Doubleday, 1994), pp. 68, 98 [ed. bras.: *Sussurre coisas eróticas para mim*. Rio de Janeiro: Objetiva, 1995].
201. Ver Karen Horney, *Self-Analysis* (Nova York: Norton, 1942), p. 212 [ed. bras.: *Conheça-se a si mesma (autoanálise)*. Rio de Janeiro: Civilização Brasileira, 1974].
202. Ver Judith Kestenberg, *Children and Parents*, op. cit.; e Alfred Kinsey et al., *Sexual Behavior in the Human Male*, op. cit., p. 177. Sobre movimentos de orgasmo em bebês, ver Niles e Michael Newton, "Psychologic aspects of lactation", *New England Journal of Medicine*, v. 272, pp. 1179-967, 1967.
203. Ver Judith Kestenberg, *Parents and Children*, op. cit., pp. 4-7, 120. Sandor Felman, "Anxiety and orgasm", *Psychoanalytic Quarterly*, v. 20, pp. 528-49, 1951.
204. Ver Ellen Vance e Nathaniel Wagner, "Written descriptions of orgasm: A study of sex differences", *Archives of Sexual Behavior*, v. 5, pp. 87-98, 1976.
205. Ruth Herschberger, *Adam's Rib*, op. cit., p. 96.
206. Ver Judith Kestenberg, *Children and Parents*, op. cit., pp. 3-24, 75--100, 304-7.
207. Ver J. Nydes, "The magical experience of the masturbation fantasy", *American Journal of Psychotherapy*, v. 4, pp. 303-10, 1950; e Karin Stephen, *Psychoanalysis and Medicine*, op. cit., p. 186.
208. Ver Natalie Shainess, "A re-assessment of feminine sexuality and erotic experience", em Jules Masserman (Org.), *Sexuality of Women* (Nova York: Grune and Stratton, 1966), pp. 56-74; Mary Jo Sholty et al., "Female orgasmic experience: A subjective study", op. cit.; e Selma Fraiberg, "Some characteristics of genital arousal and discharge in latency girls", op. cit.
209. Ver Sylvan Keiser, "On the psychopathology of orgasm", *Psychoanalytic Quarterly*, v. 16, pp. 318-29, 1947; e Judith Kestenberg, *Children and Parents*, op. cit.
210. Ver Morton Hunt, *Sexual Behavior in the 1970s*, op. cit., p. 93.
211. Ver Erica Fried, *The Ego in Love and Sexuality*, op. cit., p. 20.
212. Ver Judith Kestenberg, *Children and Parents*, op. cit., pp. 91, 117, 124.

213. Ver Ellen Vance e Nathaniel Wagner, "Written descriptions of orgasm: A study of sex differences", op. cit.; Emily Opperman et al., "'It feels so good it almost hurts': Young adults' experience of orgasm and sexual pleasure", op. cit.
214. Gershon Legman, *The Horn Book*, op. cit., p. 30.
215. Jack Morin, *The Erotic Mind*, op. cit., p. 101.
216. Bernard Apfelbaum, "On the aetiology of sexual dysfunction", *Journal of Sex and Marital Therapy*, v. 3, pp. 50-62, 1977. Ver o comentário de Freud a esse respeito em "On the universal tendency to debasement in the field of love" (1912), em *The Standard Edition of the Complete Psychological Works of Sigmund Freud*, v. 11, op. cit., p. 184 [ed. bras.: "Sobre a degradação mais generalizada da esfera do amor", *ESB*, v. 11; Shulamith Firestone, *The Dialectic of Sex*, op. cit., pp. 214-6.
217. Amber Hollibaugh, *My Dangerous Desires*, op. cit, p. 96.
218. Ibid., p. 101.

## Coleção Transmissão da Psicanálise

Não Há Relação Sexual
*Alain Badiou e Barbara Cassin*

Fundamentos da Psicanálise
de Freud a Lacan
(4 volumes)
*Marco Antonio Coutinho Jorge*

Histeria e Sexualidade
Transexualidade
*Marco Antonio Coutinho Jorge;
Natália Pereira Travassos*

Por Amor a Freud
*Hilda Doolittle*

A Criança do Espelho
*Françoise Dolto e J.-D. Nasio*

O Pai e Sua Função em Psicanálise
*Joël Dor*

Introdução Clínica à
Psicanálise Lacaniana
*Bruce Fink*

A Psicanálise de Crianças
e o Lugar dos Pais
*Alba Flesler*

Freud e a Judeidade
*Betty Fuks*

A Psicanálise e o Religioso
*Philippe Julien*

O Que É Loucura?
Gozo
Simplesmente Bipolar
*Darian Leader*

Freud e a descoberta
do inconsciente
*Octave Mannoni*

5 Lições sobre a
Teoria de Jacques Lacan
9 Lições sobre Arte e Psicanálise
Como Agir com um
Adolescente Difícil?

Como Trabalha um Psicanalista?
A Depressão é a Perda de uma Ilusão
A Dor de Amar
A Dor Física
A Fantasia
Os Grandes Casos de Psicose
A Histeria
Introdução à Topologia de Lacan
Introdução às Obras de Freud,
Ferenczi, Groddeck, Klein,
Winnicott, Dolto, Lacan
Lições sobre os 7 Conceitos
Cruciais da Psicanálise
O Livro da Dor e do Amor
O Olhar em Psicanálise
Os Olhos de Laura
Por Que Repetimos os Mesmos Erros?
O Prazer de Ler Freud
Psicossomática
O Silêncio na Psicanálise
Sim, a Psicanálise Cura!
*J.-D. Nasio*

Guimarães Rosa e a Psicanálise
*Tania Rivera*

A Análise e o Arquivo
Dicionário Amoroso da Psicanálise
Em Defesa da Psicanálise
O Eu Soberano
Freud — Mas Por Que Tanto Ódio?
Lacan, a Despeito de Tudo e de Todos
O Paciente, o Terapeuta e o Estado
A Parte Obscura de Nós Mesmos
Retorno à Questão Judaica
Sigmund Freud na sua Época
e em Nosso Tempo
*Elisabeth Roudinesco*

O Inconsciente a Céu Aberto
da Psicose
*Colette Soler*

ESTA OBRA FOI COMPOSTA POR MARI TABOADA EM DANTE PRO E IMPRESSA EM OFSETE PELA GRÁFICA BARTIRA SOBRE PAPEL PÓLEN NATURAL DA SUZANO S.A. PARA A EDITORA SCHWARCZ EM MAIO DE 2024

A marca FSC® é a garantia de que a madeira utilizada na fabricação do papel deste livro provém de florestas que foram gerenciadas de maneira ambientalmente correta, socialmente justa e economicamente viável, além de outras fontes de origem controlada.